Der Sinn des Lebens

„Was jeder Mensch wissen sollte"

Winfried Storm

Der Sinn des Lebens

„Was jeder Mensch wissen sollte“

Herstellung und Verlag: Books on Demand GmbH,
Norderstedt
ISBN: 9783839101131

Einleitung

„Unabhängig, welche Sprache wir sprechen, so gibt es eine Universalformel, der jeder Mensch, oder sogar jedes Lebewesen, unterworfen ist."

Doch wo sollen wir anfangen? Ein Leben lang sind wir den Reizen ausgesetzt, die wir durch unsere Sinne erfassen. Wir sind so sehr mit irdischen Dingen beschäftigt, dass wir den wirklichen Sinn unseres Lebens nicht erkennen. Wir machen meist andere Menschen, oder Dinge, für unser negatives Verhalten verantwortlich, ohne unsere wirklichen Feinde zu erkennen. Sie leben in unserem Geist. Da wir aber unseren Geist nicht beherrschen, sind wir unseren negativen Emotionen unterworfen. Unsere negativen Emotionen sind zu einem sehr großen Teil für das Leid auf dieser Erde verantwortlich. Manche Menschen würden sogar sagen, dass ein „Fluch" auf dieser Erde liegt. Doch dieser „Fluch" ist, wenn in jedem Wesen dieser Erde selbst angelegt, was uns daran hindert, die nächste Stufe in unserer spirituellen Weiterentwicklung zu erreichen. Wir sollten erkennen, dass unsere *negativen* Emotionen unsere wahren Feinde sind, da sie in uns leben und uns auch ein Leben lang begleiten, falls es uns nicht gelingt, sie zu beseitigen. Könnten Sie sich ein Leben nur mit positiven und neutralen Emotionen vorstellen? –

Jeder Mensch sucht das Glück und fürchtet das Leid, das wiederum alle Menschen miteinander verbindet. Was ist zu tun, um negative Emotionen aus unserem Leben zu streichen? Die Antwort liegt auf der Hand. Sie dürfen einfach nicht mehr in uns entstehen. Dieses Buch hilft Ihnen dabei, Ihre inneren Feinde immer besser in den Griff zu bekommen.

Jeder Mensch besitzt einen Geist, verbunden mit einer Seele. Die Wahrheit zu erkennen liegt in der Natur des Geistes. Man muss ihm nur helfen den richtigen Weg zu finden. Der Geist ist klar. Nur unsere Unwissenheit, und die damit verbundenen trügerischen Annahmen, lassen ihn falsche Schlüsse ziehen. Diesem sollten wir ein Ende bereiten. Ihr Geist ist zur wahren Erkenntnis fähig und wird Ihnen zeigen wie. Jeder Mensch sehnt sich nach positiven Emotionen und fürchtet das Leid. Diesem Zusammenhang auf den Grund zu gehen und unsere geistige Weiterentwicklung zu fördern, sollte unserem Leben eine neue Dimension verleihen, da jeder Mensch auch für seine spirituelle Weiterentwicklung selbst verantwortlich ist. Doch es lohnt sich in Ihrem eigenen Interesse. Jedoch ist es leider nicht damit getan, nur ein Buch zu lesen, sondern wir müssen unsere neuen Erkenntnisse auch in unser Alltagsleben mit einfließen lassen. Wir sollten Freude daran entwickeln, in unserer spirituellen Weiterentwicklung Zug um Zug voranzuschreiten.

Lesen Sie das Buch abschnittweise und lassen Sie die Abschnitte eine Weile auf sich wirken, oder wiederholen Sie das Gelesene gegebenenfalls. Geben Sie Ihrem Geist die Möglichkeit, sich mit dem neuen Wissen anzufreunden, bis sich Ihre Vermutungen in innere Sicherheit manifestieren, da zu viele Eindrücke nur schemenhaft wirken. So, wie man zum Beispiel als Fahranfänger mit Gas, Kupplung, Lenkrad, Verkehr und Rückspiegel die ersten Male ebenfalls überfordert ist, bis sich eine Routine einstellt.

Der Sinn des Lebens

„Was jeder Mensch wissen sollte"

„Ich möchte mich bei all jenen Menschen bedanken, die mich bei meinem Buchprojekt unterstützt haben."

„Der Mensch ist nicht dazu gemacht, um seinen negativen Emotionen zu erliegen, sondern um glücklich zu sein."

„Was wir in unserer geistigen Weiterentwicklung für den Gipfel halten, ist vielleicht nur eine Stufe von vielen."

„Es ist kein verschenkter Tag, Wenn wir unsere Zeit dazu nutzen die Welt mit unserem dazutun ein Stückchen besser zu machen."

Inhaltsverzeichnis:

Der Sinn des Lebens

„Was jeder Mensch wissen sollte"

Ein Buch über dieses Thema richtig anzufangen, um die Zusammenhänge bestmöglich darzustellen, war bei diesem Werk die größte Herausforderung, das auch einiger Neuanfänge bedurfte, wie Sie sich vielleicht gut vorstellen können. Je weiter man sich in eine Thematik hineinarbeitet, umso wahrscheinlicher wird es, dass man seine Verständlichkeit verliert, da man unbewusst von seinem eigenen Wissensstand ausgeht, den der Leser noch nicht hat. So wie bei einer Arztdiagnose. Für einen anderen Arzt ist die Diagnose samt seiner Fremdwörter klar und verständlich, das bei einem Laien eher Unverständnis hervorruft.
„Gut, dass man seine konstruktiven Kritiker hat."
Es handelt sich hier um kein Unterhaltungsbuch mit „leichter Lektüre", sondern um ein Werk, das über mehrere Jahre entstanden ist und Ihr Mitstudium erfordert, um Fortschritte in Ihrer spirituellen Weiterentwicklung zu ermöglichen.
Können Sie sich noch daran erinnern, wie Sie als Kind das schriftliche Dividieren gelernt haben?
Wissen Sie noch, wie man schriftlich dividiert? Versuchen Sie gedanklich 364 durch 7 zu teilen. Oder erinnern Sie sich noch an den Satz des Pythagoras? In einem rechtwinkligen Dreieck ist die Summe der Quadrate über den Katheten gleich dem Quadrat über der Hypotenuse. ($a^2 + b^2 = c^2$)
Als Schüler hat man auch eine gewisse Zeit studieren müssen, bis sich die wahre Erkenntnis aus dem Geist einstellte. So verläuft unser ganzes Leben und beinhaltet ein ständiges Dazulernen. Vertrauen Sie Ihrem Geist, so wie Sie auch, anders ausgedrückt, auf Ihre innere Stimme oder Ihr

Bauchgefühl vertrauen. Jedoch ohne Ausdauer bleiben die Dinge unklar. Unabhängig, wie oft wir an einen Umstand, den wir momentan nicht verstehen, denken müssen, so wird sich erst eine Ahnung und später eine Gewissheit (Sicherheit) aus dem Geist einstellen. Auch das muss jeder Mensch für sich *selbst* herausfinden. Manche Textstellen werden vielleicht nicht Ihre volle Zustimmung finden, wie zum Beispiel das Karma. Doch versuchen Sie einfach einmal eine Aussage zu treffen, die keine Gegenstimme beinhaltet. Als Verfasser oder Leser eine fast unmögliche Aufgabe, *jeder* Meinung gerecht zu werden. Selbst eine Diätenerhöhung im Bundestag wird nur auf deren Zustimmung treffen, die es betrifft. Mein Tipp: Versuchen Sie hierbei einfach möglichst neutral zu bleiben. Vielleicht sehen Sie erst später ein, dass sich die eine oder andere Ansicht als sinnvoll erweist. So, wie es als Jugendlicher auf Ablehnung stieß, ein Hemd zu bügeln oder beim Kochen zu helfen. Doch wenn man später einen eigenen Haushalt führt, wächst auch in uns die Einsicht, dass diese Dinge sinnvoll waren. Machen Sie sich ein Naturgesetz zunutze. Achten Sie darauf, das Sie sich beim Lesen dieses Buches entspannen. Denken Sie an eine Katze, die wahren Meister des Entspannens, die sich auf der Terrasse sonnt. Wissenschaftler haben herausgefunden, dass, wenn wir uns entspannen, keine negativen Emotionen in uns entstehen können. So, wie es bei *jedem* Menschen sein sollte. Die Gedankenstriche im Text sollen Sie dazu inspirieren, dass Sie sich selbst ein paar Gedanken über das zuletzt Gesagte machen. Die leicht unterschiedlichen Darstellungen der Zusammenhänge und auch manche Wiederholungen sollten jedem Menschen ermöglichen, das Wissen bestmöglich zu verstehen und zu vertiefen, da auch das Verständnis und die Auffassungsgabe eines jeden Menschen individuell sind. Ich kann einen Satz schreiben, der von tausenden von Lesern leicht unterschiedlich verstanden wird, da wir die Gewichtung der Wörter unterschiedlich erfassen. Nehmen wir zum Beispiel bei einer *identischen* Situation den Emotionsfaktor „Wut" bei einer Skala von null bis minus zehn. Bei dem einen Menschen liegt die Gewichtung, zum Beispiel bei einer Beschimpfung, bei minus 1. Und bei einem anderen Menschen liegt die Gewichtung bei minus 7,25. Oder nehmen wir das Angstgefühl bei einem Zahnarztbesuch. So hat jeder Mensch sein eigenes Verständnis und lebt somit in seiner *eigenen* Erscheinungswelt. So, wie ein Eingeborener im Amazonasregenwald oder ein Buschmann, als extremes Gegenbeispiel, auch in einer ganz anderen Erscheinungswelt lebt, die mit unserem Stadtleben nichts zu tun hat. Jedoch der Emotionsfaktor Wut oder Angst ist wohl auch einem Eingeborenen in seinen verschiedenen Intensitäten nicht fremd.

Haben wir erst einmal unsere Meinung gebildet, ist *jeder* Mensch davon überzeugt, dass seine Meinung die richtige ist, obwohl wir vielleicht noch nicht alle Faktoren erkannt haben, die zu einer richtigen Lösung führen.

Doch jeder Mensch ist, sobald wir alle Faktoren erkannt haben und es unsere innere Überzeugung zulässt, zur wahren Erkenntnis fähig. „Unser Geist ist klar, wir müssen ihm nur zeigen, welcher Weg der richtige ist." Fangen Sie jetzt einfach damit an. Um vorweg eine gute Verständlichkeit zu ermöglichen, möchte ich noch drei Begriffe erklären.

Unsere Intelligenz:

Wir sollten zwei Arten von Intelligenz unterscheiden: Die eine Art von Intelligenz dient dem begrifflichen Denken und all seinen Zusammenhängen auf dieser Erde. Unser Verstand (Intellekt) ist auf den Wahrnehmungsbereich unserer irdischen „Erscheinungswelt" begrenzt. Lassen Sie die Worte einen Moment auf sich wirken. –

Die andere Art von Intelligenz liegt jenseits unseres Intellekts. Sie dient unserer spirituellen Weiterentwicklung und befreit uns von falschen Annahmen und falschen Wertevorstellungen. Ich nehme an, dass das Maß unserer Intelligenz, die uns in unserer spirituellen Entwicklung in diesem Leben weiterhilft, wir im vorherigen Leben durch unser Verhalten bestimmt haben. Und somit durch unser Verhalten in diesem Leben unsere Intelligenz im nächsten Leben oder Ebene bestimmen, worauf ich später noch genauer eingehe. Sobald wir unsere Trugschlüsse in diesem Leben erkennen, schaffen wir auch gleichzeitig Platz für neue Erkenntnisse.

Mit diesen verbundenen Veränderungen werden wir auch nach und nach die Wirklichkeit und Wahrheit immer deutlicher erkennen.

Was ist Karma?

Laut einer Umfrage glaubt jeder dritte Deutsche an ein Karma (Schicksal). Vielleicht interessant zu wissen.

Das Karma basiert auf Ursache und Bedingung. Wir können statt Ursache-Bedingungszusammenhang auch Ursache und Wirkungszusammenhang sagen.

Es erfolgt auf der Annahme, dass das Leid, das wir anderen willentlich aufgrund unserer negativen Emotionen zufügen, zu unserem eigenen Schicksal wird. Stellen Sie sich vor, Sie wären Richter. Wäre es möglich, dass das Leid, das wir aufgrund unserer negativen Emotionen verursacht haben, uns in diesem Leben wieder einholt? Wäre es nicht nur ein, sondern das gerechte Urteil, das uns in diesem Leben widerfährt? Urteilen Sie selbst. –

Hierdurch ließe sich auch erklären, warum Menschen, die „keiner Fliege was zuleide tun", von schlimmen Schicksalsschlägen heimgesucht werden. Es könnte sein, dass diese Menschen in einem anderen Leben in einen Krieg verwickelt waren und Leid über andere Menschen gebracht haben. Oder sie haben in einem Ausbruch von Wut einem anderen Menschen so geschadet, dass dieser davon ein körperliches Gebrechen davontrug. Das negative Karma bemisst sich nicht nach der Absicht, sondern nach seiner Wirkung. Das heißt, dass nur der wirkliche Schaden, den wir verursachen, zu unserem Karma (Schicksal) wird. Welcher Entscheidung unterliegt es, dass manche Menschen einen Flugzeugabsturz überleben und andere nicht? Oder: Jeder, der zum Beispiel an einem Verkehrsunfall beteiligt war und einen körperlichen Schaden davontrug, fragt sich früher oder später, ob es Schicksal war. Wären wir nur ein paar Minuten oder nur ein paar Sekunden früher oder später an dieser Unfallstelle gewesen, wäre vielleicht gar nichts passiert, da der Ursache-Bedingungszusammenhang ein anderer gewesen wäre. Es handelt sich hier nur um Annahmen, jedoch könnten sie einige Dinge erklären. Auch wenn manche Dinge nicht Ihrer Vorstellung entsprechen, da wir unser Leben vielleicht als eine abgeschlossene Einheit betrachten, ist es vielleicht die universelle Gerechtigkeit, die uns in diesem Leben wieder einholt. Diese Möglichkeit sollten wir als mögliche Option zumindest in Betracht ziehen. Es gibt eine Erklärung für das Leid auf dieser Erde, das meines Erachtens in jedem *selbst* zu suchen und zu finden ist. Haben Sie sich schon einmal gefragt, warum wir in Europa und nicht in Afrika geboren wurden, das uns zwar vor anderen Nöten nicht schützt, jedoch im

Allgemeinen jeder genug zu essen hat? War es einfach Glück oder Schicksal? –

Vielleicht noch ein paar letzte Anmerkungen zu Ihrem Selbststudium: Woher kommen unsere Stärken und Schwächen, die jedem Menschen schon in die Wiege gelegt wurden? Welche Mutter erkennt nicht die schon angelegte Persönlichkeit in ihrem Kind? Woher kommen die persönlichen Stärken und Schwächen oder Neigungen, die Sie als Kind schon hatten? Bei einem energischen oder jähzornigen Kind können wir zum Beispiel durch Erziehungsmethoden versuchen, diese Eigenschaft abzumildern, aber definitiv ist diese Eigenschaft von Geburt an schon angelegt.

Was sind Ihre persönlichen Neigungen? –

Und wie sieht es mit unseren negativen Neigungen aus? Wie das Entstehen unserer Wut. Handelt es sich hierbei um alte Vermächtnisse, die wir in uns tragen und in unserem Charakter verborgen liegen? Sind es unsere eigenen Fallgruben, denen wir schon im letzten Leben erlegen waren? Sind sie für unser jetziges Karma (Schicksal) verantwortlich und wir haben die Möglichkeit, es in diesem Leben besser zu machen? Ich nehme an, je mehr wir in unserem alten Leben unseren negativen Emotionen, wie Hass und Wut, erlegen waren, je mehr werden wir in diesem Leben genötigt sein, Geduld zu üben, um nicht wieder die gleichen Fehler zu begehen. Ich vermute, dass jeder Mensch schon mehrere Leben gelebt hat, in irgendeiner Form. Ein Anhaltspunkt dafür könnte sein, dass der ein oder andere ein flaues Gefühl in der Magengegend bekommt, wenn wir zum Beispiel ein Panzergeräusch oder ein tief fliegendes Flugzeug hören. Wobei ein lautes oder leises Geräusch nichts Negatives in sich birgt. Nur die Angst oder der Schrecken, der in jedem

Menschen unterschiedlich angelegt ist, den wir mit diesem Geräusch verbinden, macht es zu dem, was wir dabei empfinden. –

Oder ein anderes Beispiel: Manche Menschen sind an einem ihnen fremden Ort und meinen, schon einmal da gewesen zu sein. Vielleicht ist es Ihnen ja auch schon einmal so ergangen. Sie können ein markantes Gebäude so wiedergeben, wie es vor, sagen wir, fünfhundert Jahren ausgesehen hat. Jedoch handelt es sich hierbei nur um Ausnahmen, da auch die Städte einer permanenten Veränderung unterliegen. Möge sich jeder selbst seine Meinung dazu bilden.

Was ist unser Leben?

Erinnern Sie sich noch an den gestrigen Tag? Was haben Sie alles gesprochen und getan? Was war vor einer Woche, einem Monat oder einem Jahr? Verfolgen Sie gedanklich das letzte Jahr Ihres vergangenen Lebens zurück. Könnte man Ihr Leben als eine Abfolge von Bewusstheitsmomenten, geprägt von positiven, neutralen und negativen Emotionen bezeichnen?

Ein Beispiel: Ich sitze am Computer und schreibe diesen Text. Mir fällt momentan nichts mehr ein und mein Blick bleibt bei einer Zimmerpflanze stehen, die ich mal wieder gießen könnte. Somit löst ein Bewusstheitsmoment den nächsten ab. Und das ein Leben lang. Selbst wenn man nur ruhig dasitzt und unser Blick zum Beispiel von einem Stift auf ein Lineal umschwenkt, so verändern sich unsere Bewusstheitsmomente von einem Augenblick auf den anderen. Beobachten Sie sich einen Tag lang: Von wie vielen Bildern, das unser Auge erfasst, und Gedanken werden Sie an einem Tag durchströmt? Es sind kurz gesagt unzählige kurze Eindrücke, die unser Leben im Positiven, Neutralen wie im Negativen prägen, bis es irgendwann zu Ende ist. Wussten Sie, dass unser Auge dreiundsechzig Bilder pro Sekunde an unser Gehirn weiterleitet und wir etwa nur zwanzig Bilder pro Sekunde benötigen, um es als fortlaufende Bewegung zu identifizieren. Ein Adler würde wohl mit diesem Sehvermögen verhungern. Man könnte unser Leben auch als Film bezeichnen. In einen bereits laufenden Film werden wir hineingeboren. Der Filmteil, der uns betrifft, besteht aus unzähligen einzelnen Bildern, wobei jedes Bild ein Bewusstheitsmoment oder, anders ausgedrückt, eine Momentaufnahme ist. Diese Momentaufnahmen werden durch unsere positiven, neutralen oder negativen Emotionen geprägt. Diesen fortlaufenden Film können wir durch unsere Entscheidungen beeinflussen! Doch nun zum eigentlichen Thema:

Für eigene Notizen:

Kapitel: 1

Eine Ursache hat viele Bedingungen

An seine Geburt in diese Welt kann sich wohl keiner mehr erinnern.

Jedoch die Tatsache, dass wir in einen unendlichen „Ursache-und-Bedingungskreislauf" hineingeboren werden, ist wohl jedem Menschen verständlich. Selbst die Entstehung unserer Erde und unseres Universums ist auf einen Ursache-Bedingungszusammenhang zurückzuführen. Wir können statt Bedingungszusammenhang auch Wirkungszusammenhang sagen. Je nach besserem Verständnis, da, wie schon beschrieben, das Verständnis eines jeden Menschen individuell ist. Es sollte uns hierbei nur klar werden, dass dieser Ursache-Bedingungszusammenhang lange vor uns und auch lange nach uns bestehen wird. All das, was uns umgibt, und jedes Lebewesen dieser Erde ist auf Lebzeiten dieser Interaktion unterworfen. So, wie wir auch ein Leben lang der Schwerkraft auf dieser Erde unterworfen sind.

Jede Ursache hat mindestens eine oder meist sehr viele Bedingungen. Wie zum Beispiel das Wetter. Es hängt von einer Unzahl von Ursachen und Bedingungen ab. Und so absurd es auch klingt, ein Flügelschlag eines Vogels kann die entscheidende Ursache dafür sein, ob es bei uns regnet oder die Sonne scheint. Wir Menschen, wie auch die Natur, sind in diesen Kreislauf auf dieser Erde unumgänglich auf Lebenszeit, oder sogar darüber hinaus, falls das Karma auf einer wahren Annahme beruht, mit eingebunden. Diesen Kreislauf möchte ich Ihnen zuerst näherbringen.

Wir sind alle nur Besucher dieser Erde und unser Gastspiel ist im Allgemeinen spätestens nach hundert Jahren beendet. Was macht für Sie das Leben lebenswert? Lassen Sie sich Zeit, um sich diese Frage erst einmal selbst zu beantworten. –

Es sind, lassen Sie mich raten, bestimmt nicht Ihre negativen Emotionen. Somit bleiben nur unsere positiven Emotionen, die wir mit verschiedenen Situationen verbinden, übrig. Es ist zum Beispiel die Liebe und die Zuneigung zu anderen, die uns das Leben lebenswert erscheinen lässt. Denn eins ist sicher: Jeder Mensch sucht das Glück, und jeder Mensch möchte das Leid vermeiden. Doch Glück und Leid sind ebenfalls in einen endlosen Kreislauf von Ursachen und Bedingungen mit eingebunden. Wie können wir das Leid vermeiden, wenn wir doch nur Glück ersehnen? Wenn allein der Wunsch nach Glück ausreichen würde, gäbe es *kein* Leid auf dieser Erde. Doch das funktioniert leider nicht.

Gehen wir nun einfach analytisch vor. Glück und Leid sind dem Gesetz von Ursache und Bedingung (Wirkung) genauso unterworfen, wie alles andere auf dieser Welt auch. Diesem Entstehen gehen viele Ursachen und Bedingungszusammenhänge (Wirkungszusammenhänge) voraus. Kein Leid oder Glück *plant* sein Entstehen. Hier liegt unser erstes „Missverständnis" vor. Wir machen im Allgemeinen nur eine Ursache für unser Leid verantwortlich. Wir stoßen uns zum Beispiel an einem Stuhl und geben dem Stuhl die Schuld für unseren Schmerz. Vielleicht mit der Aussage verbunden: „Blöder Stuhl." Wir geben somit nicht nur dem Stuhl die Schuld an unserem Schmerz, wir tun auch noch so, als würde eine Person in ihm stecken, die wir für unser Leid verantwortlich machen. Hier sollten wir anfangen, unser Denken zu verändern.

Regel 1:

Freude und Leid unterliegen, wie alles andere auf dieser Erde, einem komplexen Zusammenspiel von Ursachen und Bedingungen (Wirkungen). Unsere Emotionen, ob Glück oder Leid, planen ihr Entstehen *nicht*. Hinter einer Emotion versteckt sich auch keine Person, oder eine eigene Persönlichkeit. –

Wenn wir das erkannt haben, was bewirkt diese Regel in uns, und wie sieht das in der täglichen Praxis aus? Das möchte ich nun am Beispiel Stuhl erläutern, wie sich unser Denken verändert. Wir stoßen uns, wie vorher angenommen, an diesem Stuhl. Schmerz und Wut entstehen in uns fast automatisch. Hier müssen wir innerlich „STOP!" rufen und uns fragen, *warum* wir uns an diesem Stuhl gestoßen haben. Was war die Ursache unserer negativen Emotion? War es unsere eigene Unachtsamkeit, dann sind wir selber schuld an diesem Schmerz. Oder hat ein anderer den Stuhl ungünstig dort hingestellt? Dann sagen wir es ihm, dass er den Stuhl in Zukunft anders hinstellt, so dass wir uns künftig nicht mehr an ihm stoßen. Wir hätten die Gefahr auch selbst erkennen können und den Stuhl passend hinschieben können. Was auch immer die Ursache ist, erkennen Sie deutlich, wie man anders reagiert.
Unsere negativen Emotionen, die von einem Augenblick zum nächsten, fast automatisch entstanden sind, man könnte auch sagen, von einem Bewusstheitsmoment zum anderen, entstehen nun nicht mehr so selbstverständlich wie vorher. Wir unterliegen nun einer langsamen Wandlung. Wir sollten von nun an *ständig* unsere Reaktionen von Ursache und Wirkung kontrollieren, um nicht umgehend wieder in unser

altes Denkschema zu verfallen, bis sich die neue Erkenntnis gefestigt hat. Da *jede* Situation in unserem Leben auf einem Ursache-Bedingungszusammenhang (Wirkungszusammenhang) beruht.

Beobachten Sie sich selbst, Tag für Tag, wo Ihnen Ihr verändertes Verhalten auffällt. Machen Sie sich ein paar Vermerke, zum Beispiel in ein kleines Notizbuch, damit sich das neu Erlernte besser einprägt. Es gibt tausende Beispiele aus dem Alltag, bis die neue Erkenntnis in „Fleisch und Blut" übergegangen ist und Ihr Unterscheidungsvermögen von Ursache und Bedingung (Wirkung) immer *genauer* wird. Die neue Erkenntnis wird so ein wichtiger Bestandteil in Ihrem Leben, und Ihr altes Denkschema und der damit verbundene Automatismus wird sich so allmählich auflösen.

Es hört sich etwas mühsam an. Aber vor jedem Erfolg steht die Mühe. Oder möchten Sie sich später einmal sagen: Weil ich zu träge war, war es mir lieber, mein Leben weiter mit meinen negativen Emotionen zu führen? –

Seien Sie Ihrem Gewissen verpflichtet, dass der erste Meilenstein sitzt. Wenn uns dieses Umdenken gelungen ist, kann man zur nächsten Übung übergehen.

Noch einmal zusammenfassend können wir zum Ende des ersten Kapitels sagen:

Jede Situation, in der in uns negative Emotionen entstehen, sollten wir von nun an auf ihren Ursache-Bedingungs-zusammenhang (Wirkungszusammenhang) analysieren, so dass negative Emotionen in Zukunft nicht mehr so „fast automatisch" in uns entstehen. Wenn uns das auch nicht immer gelingt, sollten wir zumindest versuchen, neutral zu bleiben.

Setzen Sie Ihre Geduld Ihrer negativen Emotion entgegen.

Auch wenn die Zusammenhänge momentan auf Sie noch schemenhaft wirken, so werden sich diese, im Laufe des Buches, immer genauer herauskristallisieren. Sie sind auf dem richtigen Weg.

Kapitel: 2

Was sind Emotionen, und woraus bestehen sie?

Versuchen Sie sich die Frage erst einmal selbst zu beantworten, bevor Sie weiterlesen, und machen sich vielleicht ein paar Notizen. –
Emotionen sind Illusionen, die in unserem Geist entstehen und sich auf unser ganzes Leben auswirken und dieses prägen. Es gibt positive Emotionen, wie Liebe, Zuneigung, Freude …
Und es gibt negative Emotionen. Es sind unter anderem: Wut, Neid, Eifersucht, Rachsucht, Stolz im negativen Sinne, Begierde, Verbitterung und falscher Ehrgeiz. Es handelt sich hierbei um Nebenprodukte, die alle unseren inneren Hauptfeind, den Hass, stärken. Nun gilt es unserer Unwissenheit und den damit verbundenen negativen Emotionen „auf den Leib" zu rücken. Ein Beispiel wird uns das verdeutlichen. Wir stellen uns vor, mit einer anderen Person ein Streitgespräch zu führen. Das Gegenüber beleidigt uns, indem es uns zum Beispiel einen Blödmann oder eine blöde Kuh nennt. Obwohl es sich hierbei nur um zwei Wörter handelt, die eine bestimmte Reaktion hervorrufen sollen, geraten wir in Wut, weil er oder sie unser Ego verletzt. Nun analysieren Sie das Phänomen Wut.
Wo versteckt sich die Wut? –
Versteckt sich eine Person hinter dem Phänomen Wut? Nein. Ist die Wut, die in Ihnen entsteht, in dem Gegenüber zu finden? Nein. Ist die Wut zwischen den beiden Kontrahenten zu finden? Nein. Ist die Wut in Ihnen zu finden? Ja. Aber wo versteckt sie sich? Würde man Ihren Körper in sehr kleine (integrale) Scheibchen zerlegen, könnte man hier die Wut finden? Nein.

Unsere Wut entsteht nur in unserem Geist und ist ein „Phänomen der Leere". Was können wir uns unter diesem Begriff vorstellen? Die „Leere" ist mit der einen Art von Intelligenz, dem begrifflichen Denken oder, anders ausgedrückt, unserem Intellekt, nicht fassbar, wie anfangs beschrieben. So wie wir uns die *wirkliche* Entfernung der Erde zur Sonne, das Raum-Zeit-Kontinuum oder ein Lichtjahr nur schwer vorstellen können. Erst das Verhältnis zu irgendeiner Bezugsgröße lässt in uns Schlüsse zu.

Wir müssen die Leere daher mit einem Objekt verbinden, wie zum Beispiel mit einem leeren Krug oder einer Glasvase, durch die man hindurchschauen kann, um sich das „Phänomen der Leere" besser vorzustellen zu können. Für mich persönlich ist das beste Beispiel: Ich stelle mir eine Seifenblase vor, in die ich gedanklich das Phänomen Wut hineinschreibe. Die dann einfach zerplatzt und weder von der Seifenblase noch von der Wut etwas zu sehen ist. Man könnte sich auch eine Wolke vorstellen, die sich aufgrund der Sonneneinstrahlung auflöst. Machen Sie sich selbst ein paar Gedanken, wie Sie sich das „Phänomen der Leere" am besten vorstellen können. Ein Eintrag in ein Notizbuch wäre eine prima Hilfestellung. Oder lesen Sie diesen letzten Absatz noch einmal vor dem Schlafengehen durch, damit sich Ihr Unterbewusstsein mit dem neuen Wissen weiterbeschäftigt, da es *allein* an jedem selbst liegt, die Wahrheit zu erkennen. Das Potenzial besitzt jeder. Wie heißt es so schön: „Man kann einen Menschen nichts lehren, man kann ihm nur helfen, es in sich selbst zu finden." –

Fällt Ihnen etwas auf? Unser ganzes Leben ist auf „Phänomene der Leere" ausgerichtet. All unsere Emotionen, die in unserem Geist entstehen, sind Illusionen. Sie entstehen einen Augenblick in unserem Geist, um im nächsten Moment wieder zu vergehen, um von der nächsten Illusion oder, anders ausgedrückt, dem nächsten „Phänomen der Leere" abgelöst zu werden. Wenn wir zum Beispiel unserem Partner sagen: „Ich liebe dich", dann entsteht unsere Emotion nur in unserem Geist. Wir wissen nicht, ob der Partner genauso empfindet. Wir nehmen es an durch Gestik etc. Aber definitiv entsteht nur in unserem Geist die nächste Emotion, die auf einer Annahme beruht. Sehr trügerisch, oder? –

So manch einer hat schon seine leidvolle Erfahrung damit gemacht. Oder vielleicht alle Menschen, die wiederum durch das gleiche Leid verbunden sind? –

Wie sah es in Ihrer Jugend aus, wo Sie sich zum Beispiel in eine Person verliebt hatten, und dieser, oder diese, nichts von einem wissen wollte? Dieser psychische Schmerz entsteht *allein* nur in Ihrem Geist. Der oder die andere wusste vielleicht gar nichts von unserem Schmerz und konnte ihn auch nicht spüren.

Diesem Leid, einer Illusion, das auf Unwissenheit beruht, gilt es den Kampf anzusagen. Denn an die wirkliche Existenz dieser Dinge zu glauben ist ein Trugschluss, den es nach und nach umzuformen gilt.

Die Zauberformel heißt: Es sollte uns gelingen, die negativen Emotionen auszuschalten und mit den positiven und neutralen Emotionen zu leben. Das hört sich fast wie ein Kindermärchen an, doch die Macht der negativen Emotionen ist groß, solange sie nicht hinterleuchtet und Zug um Zug ausgeschaltet werden. Wir sind bisher unser ganzes Leben von falschen Annahmen ausgegangen, haben uns ein Trugbild oder, anders ausgedrückt, eine eigene „Erscheinungswelt" geschaffen, die es gilt, stückweise umzuformen. Wir werden immer wieder feststellen, wie wir in unsere alten Verhaltensmuster zurückfallen, da wir unser ganzes bisheriges

Leben danach gelebt haben. Es sollte uns gelingen, unsere negativen Emotionen in positive oder zumindest in neutrale Emotionen umzuwandeln. Dazu bedarf es einer momentan ständigen Kontrolle unserer Emotionen, bis sich eine Routine einstellt. So, wie wir zum Beispiel beim Autofahren den Verkehr immer im Auge behalten, um bei Bedarf richtig zu reagieren, so dass wir uns und anderen keinen Schaden zufügen.

Von nun an gehen Sie am besten wie folgt vor: In dem Augenblick, in dem Sie merken, dass Wut in Ihnen entsteht, sollten Sie zuerst verharren wie ein Stein und momentan Geduld üben. Geduld zu üben heißt nichts anderes, als gegen die Person, die das Entstehen unserer Wut begünstigt, keine Wut oder keinen Hass zu empfinden. Betrachten Sie sich selbst aus „einem Meter" Entfernung und analysieren Sie die Ursache und die Bedingungen (Wirkung), warum Wut in Ihnen entsteht. Sie wissen nun, dass Ihre Wut *nur* in Ihrem Geist entsteht und eine *Illusion* (Seifenblase) ist. Der oder die andere kann unsere Wut auch nicht spüren. Falls wir bereit sind, unsere Wut ausbrechen zu lassen, so bringt das als Folge *nur* Leid mit sich, worauf ich später noch genauer eingehe. Es liegt nun allein an uns, unsere alten Verhaltensschemen stückweise abzulegen und neue Wege zu gehen. Es wird wahrscheinlich einen längeren Zeitraum beanspruchen, bis sich Ihr neues Verhaltensmuster gefestigt hat. Seien Sie geduldig mit sich, denn die Vielfältigkeit, wie negative Emotionen in uns entstehen, ist überwältigend, und schließlich haben Sie Ihr bisher vergangenes Leben aufzuarbeiten. Trotzdem ein kleiner Preis, wenn man bedenkt, mit seinen alten negativen Emotionen und all den neu dazukommenden bis zu seinem Lebensende weiterleben zu müssen. Man könnte hier auch sagen: „In Unwissenheit zu bleiben."

Fassen wir die bisherigen Erkenntnisse noch einmal zusammen:

Regel 1:
Freude und Leid unterliegen, wie alles andere auf dieser Erde, einem komplexen Zusammenspiel von Ursache und Bedingung (Wirkung). Freude und Leid planen ihr Entstehen *nicht*.

Regel 2:
Freude und Leid sind Emotionen. Sie entstehen in unserem Geist und sind Illusionen oder, anders ausgedrückt, „Phänomene der Leere" (Seifenblasen). Hinter einer Emotion versteckt sich auch keine Person, oder eine eigene Persönlichkeit.

Wie sollten wir nun weiter mit diesem Wissen umgehen?
Es sollten hier mindestens hundert Beispiele aus unserem Leben folgen, wie wir bisher reagiert haben und nun mit dem neuen Wissen reagieren. Notieren Sie sich Ihre Fortschritte, in welchen Situationen in Ihnen vorher zum Beispiel Wut entstanden ist und durch unsere Analyse jetzt die Wut einfach nicht mehr in uns entsteht. Es mögen anfangs einfache Dinge sein, doch wir klettern jetzt bereits auf unserer persönlichen Skala weiter nach oben. Scheuen Sie sich auch nicht, Ihr Versagen zu notieren. Das Notizbuch ist nur für Sie bestimmt und hilft Ihnen dabei, immer *besser* zu werden.

Es folgen nun ein paar Beispiele aus unserem Leben.
Frühjahr: Wir machen die Tür auf, um ein paar Sonnenstrahlen hereinzulassen. Fünf Minuten später stellen wir fest, dass drei Fliegen in unserem Wohnzimmer sind. Es

entsteht, sagen wir, eine „kleine Wut" in uns. Wir analysieren die Situation und stellen fest, mit einem Fliegengitter wäre uns das nicht passiert. Es wäre wohl nutzlos, den Fliegen zu erklären, dass wir sie in unserem Wohnzimmer nicht mögen. Um dem Entstehen der Wut entgegenzuwirken, montieren wir am besten gleich das Fliegengitter. Hier handelt es sich um die leichteste Übung, die viele Menschen schon intuitiv in ihr Leben eingebaut haben.

Oder: Wir streichen Fenster, die wir vorher ausgebaut und geschliffen haben. Durch aufkommenden Wind fallen Birkensamen auf die frische Farbe der Fenster. Hier lässt sich deutlich erkennen, dass es wohl kaum die Absicht der Birkensamen war, Wut in uns entstehen zu lassen, sondern wir in einen Ursache-Bedingungszusammenhang (Wirkungszusammenhang) mit eingebunden sind und es einzig unsere Entscheidung ist, ob Wut in uns entsteht oder nicht.

Ein weiteres Beispiel: Wir sehen gerade noch den verpassten Zug abfahren, weil wir die Abfahrtszeit mit der Ankunftszeit verwechselt haben. Aus einem Impuls heraus steigt in uns Wut auf, aufgrund unserer eigenen Unachtsamkeit. Wie sollten wir uns hier verhalten? In der *ersten* Stufe, wenn die Wut schon entstanden ist, sollte die Wut gegen die eigene Wut gerichtet werden. Es sollte uns hierbei bewusst werden, dass es uns in diesem Moment *nicht möglich* war, unseren eigenen Geist zu beherrschen und zu kontrollieren. Vielleicht machen Sie nach unserem alten Denkmuster sogar noch den Zug, oder den Schaffner, für das Entstehen Ihrer Wut verantwortlich. Wir können dem auch entgegensteuern und uns sagen: „Wer weiß, wozu es gut ist, diesen Zug zu verpassen!" –

Es liegt somit allein an jedem selbst, seine Wut *nicht* mehr in sich entstehen zu lassen. Wir kennen das direkte Gegenmittel zu Hass und Wut. Es ist unsere Geduld. Halten Sie also erst mal Ihre Wut zurück. In der zweiten Stufe setzen wir unsere Geduld unserer Wut entgegen. Was passiert mit uns, wenn wir Geduld üben? In dem Moment, wo wir Geduld üben, halten wir unsere negativen Emotionen zurück und verhindern so ihr unkontrolliertes Ausbrechen. So, dass die Wut in uns Stück für Stück immer weiter abgeschwächt wird und zum Schluss, als Illusion erkannt, einfach nicht mehr in unserem Geist entsteht. Haben Sie die Passion Christi von Mel Gibson gesehen? Der Film zeigt die Kreuzigung von Jesus. Dieser Film wurde möglichst bibelgenau dargestellt. „Ein sehr bedrückender Film."

Folgendes Beispiel möchte ich zum besseren Verständnis einfügen:

„Nicht gegen die Peitsche erhebe ich mich, auch nicht gegen den, der die Peitsche führt, sondern gegen die Wut und den Hass, dem dieser Mensch unterworfen ist." Kurzum, seinen negativen Emotionen, so wie wir *unseren* negativen Emotionen zeitweise *ebenfalls* unterworfen sind.

Fällt Ihnen etwas auf? –
Es ist somit ein Kampf gegen unsere inneren Feinde, die es gilt, in diesem Leben zu beseitigen. Der weise Mensch lässt sich seine Heiterkeit nicht nehmen! Er würde wohl innerlich, zum Beispiel bei einem verpassten Zug, über sich selbst lachen, wovon wir so manches Mal, wenn wir ehrlich sind, noch ein gutes Stück entfernt sind.
Sprechen Sie mit Leuten Ihres Vertrauens darüber. So einfach es klingen mag, spielen Sie mit Freunden ein Rollenspiel. Die

unterschiedlichen Erfahrungen, wie Wut und Hass in uns entstehen, ist unglaublich vielfältig und hilft unser Wissen zu vertiefen. Zudem sei bemerkt, dass wir in diesem Augenblick auch Nächstenliebe betreiben. Indem wir anderen helfen, sich von ihrer Unwissenheit zu befreien. Denn jedes Wesen dieser Erde wünscht sich Glück und Zufriedenheit. Umso früher wir unser Leben aus einer neuen Perspektive betrachten, umso besser können wir auch unser weiteres Leben als auch unser Karma, wer an Karma glaubt, positiv beeinflussen. Für die Menschen, die ihr Leben zum Beispiel als abgeschlossene Einheit betrachten und sich mit dem Gedanken des Karmas nicht anfreunden können, zeige ich später, wie sinnvoll dieser Gedanke auch als „Brücke" genutzt werden kann. Jeder Mensch ist individuell und lebt, wie beschrieben, in seiner eigenen „Erscheinungswelt".

Auch wenn manche Menschen die Zusammenhänge längst verstanden haben, so erinnern sie sich kurz an ihre Schulzeit zurück, wo manche Mitschüler, vielleicht auch sie selbst, etwas länger brauchten, um das gelehrte Wissen zu verstehen und umzusetzen. Ein Buch, als auch ein Lehrer, versucht der Aufgabe gerecht zu werden, möglichst jedem Leser beziehungsweise auch jedem Schüler das neue Wissen bestmöglich zu vermitteln. –

Fassen wir noch einmal das neu Erlernte mit anderen Worten zusammen, damit sich die neuen Erkenntnisse besser entfalten können:
Unwissenheit ist die Wurzel aller negativen Emotionen. Der Glaube an die wahre Existenz von negativen Emotionen ist ein trügerisches Bild, das sich jeder Mensch, in seiner eigenen „Erscheinungswelt", selbst erschaffen hat. Emotionen sind

Illusionen, die einen Augenblick in unserem Geist entstehen und im nächsten Augenblick schon wieder am Verblassen sind, um von der nächsten Illusion abgelöst zu werden. So, wie uns unser Leben als eine Abfolge von Momentaufnahmen erscheint. Machen Sie hier eine kleine Pause. Nehmen Sie sich jetzt die Zeit und holen Sie sich irgendetwas Leckeres aus Ihrem Süßigkeitenfach. Essen Sie es und analysieren Sie den Moment, in dem sich in Ihrem Geist der Geschmack voll entfaltet und anschließend wieder abschwächt. In diesem Moment wächst in uns das Bedürfnis weiterzuessen. Oder nehmen wir ein anderes Beispiel, wie den Duft einer Rose oder eine Duftkerze. Machen Sie einen weiteren Selbsttest und riechen Sie an einer Rose. Beobachten Sie sich, wie der Duft Ihre Sinne erreicht und im nächsten Moment schon wieder am Verblassen ist. So ist es mit allen Genüssen dieser Erde. Alle Begierden dieser Erde, seien es Spiele, Sex, Alkohol, Drogen, ein gutes Essen oder andere Genüsse, verschaffen nur eine kurzzeitige, flüchtige Befriedigung und machen *nicht dauerhaft satt*. Unabhängig, wo wir uns auf dieser Erde befinden oder leben, es ist überall der gleiche Umstand anzutreffen. Das sollten wir vorerst erkennen, da *alle* irdischen Befriedigungen nur einige Momente wirken und dann schon wieder am Verblassen sind. –

Jede negative Emotion sollten wir vorerst einmal neutralisieren. Wie stellen wir das an? Jede Emotion, die in unserem Geist entsteht, beruht auf Ursache und Bedingung (Wirkung). In dem Augenblick, in dem eine negative Emotion, zum Beispiel Wut, in unserem Geist entsteht, dürfen wir sie nicht ausbrechen lassen und müssen zuerst Geduld üben. Schon allein, wenn wir Geduld üben, schwächen wir den Impuls ab. Anschließend hinterfragen wir dann den Ursache-

Bedingungszusammenhang (Wirkungszusammenhang). Was bezwecken wir damit? –

Zum einen entstehen negative Emotionen nicht mehr so selbstverständlich von einem Augenblick zum anderen. Als Zweites wissen wir nun, das es sich nur um Illusionen handelt, die *allein* in unserem Geist entstehen. Wir *allein* sind auch für ihr Entstehen verantwortlich. Das direkte Gegenmittel, um nicht an die wirkliche Existenz der Phänomene zu glauben, ist die Erkenntnis der Leere. Diese Weisheit sollten wir weiter ausbauen. Es hört sich einfach an. Machen Sie sich einen Tag lang zur Zielscheibe und beobachten Sie sich einen Tag lang selbst. Von wie vielen Gedanken werden Sie an einem Tag durchströmt, und wie viele Gedanken sind davon negativer Natur? Unter welcher Vielfalt können sich in uns die negativen Emotionen entwickeln? Wie zum Beispiel bei einer Ladenkasse, wo man sich in eine lange Warteschlange einreihen muss, gerade dann, wenn man es eilig hat. Oder würden Sie in diesem Moment lieber mit der Kassiererin tauschen? Diese einfache negative Emotion gilt es ebenso vorerst zu erkennen, dann abzuschwächen und anschließend nach und nach auszuschalten. Sie beruhen auf alten Verhaltensmustern, die wir ebenfalls ablegen müssen, so dass Zug um Zug, auch wenn der Ursache-Bedingungszusammenhang ihr Entstehen begünstigt, keine negativen Emotionen mehr in uns entstehen. Für einen jähzornigen Menschen, der seine negativen Emotionen samt seiner negativen Verhaltensmuster beseitigen möchte, könnte leicht eine Lebensaufgabe daraus werden, da er sein Leben aus negativen Trugbildern (Illusionen) erbaut hat. Geistige Ruhe und beharrliches Streben schaffen gute Voraussetzungen, um zügig voranzukommen, um unser Leben positiv zu beeinflussen. Schließlich liegt es *einzig* an uns, unsere spirituellen Erkenntnisse und die damit verbundenen Eigenschaften weiterzuentwickeln, um die Phänomene der Leere, unsere Illusionen, weiter zu entblößen. So, bis jede negative Emotion entwurzelt, unsere alten Verhaltensmuster beseitigt und unsere positiven Emotionen uns neue Wege zeigen. Wenn uns das gelänge, wären wir einen riesigen Schritt in unserer spirituellen Weiterentwicklung in diesem Leben weitergekommen. Je früher wir anfangen, umso weniger „negatives Potenzial" haben wir abzuarbeiten. Doch es wird eine längere Zeit, je nach Person, beanspruchen, da es auch unglaublich viele Möglichkeiten gibt, wie sich negative Emotionen in uns entwickeln können. Denn eins steht fest, wir müssen diese Welt wieder verlassen, und es wäre schade, wenn wir unser Leben aufgrund unserer Trägheit oder eines anderen Grundes, wie zum Beispiel irdischen Gütern hinterher zu jagen, vergeudet hätten. Seien Sie sich über einen Umstand bewusst: All die Güter oder Titel, die wir auf dieser Erde erwerben, sind, sobald unser Tod eintritt, bedeutungslos. Das Einzige, was wirklich in unserem Leben zählt, ist unsere spirituelle (geistige) Weiterentwicklung.

Kapitel: 3

Unsere wahren Feinde, wo haben sie sich versteckt?

Dass unsere wahren Feinde unsere negativen Emotionen sind und uns gegebenenfalls ein Leben lang begleiten, haben wir geklärt. Doch wir dürfen hier nicht wohlgefällig stehen bleiben. Es gilt, unsere negativen Emotionen als auch unsere negativen Verhaltensmuster endgültig zu entwurzeln. Unsere negativen Emotionen sind, um sie noch einmal zu benennen, unter anderem Begierde, falscher Stolz, Zorn, Wut, Eifersucht, Rachsucht, Habgier, Neid, die alle unseren inneren Hauptfeind, den Hass, stärken. Selbst in der Unzufriedenheit ist ein Funken von Hass verborgen. Da wir unsere Feinde *in uns* tragen, können wir nicht vor ihnen fliehen. Sie sind *gefährlicher als äußere Feinde*, da sie von einem Moment zum anderen *in uns* zuschlagen können. Lassen Sie die Worte eine Weile auf sich wirken. –

Erkennen Sie nun unser wirkliches Problem? –
Also gilt es von nun an unseren Geist zu kontrollieren! Wie stellen wir das an? Schauen Sie zum Beispiel aus dem Fenster und lassen Sie Ihren Geist in die Ferne schweifen. Merken Sie, wie der Geist sich selbstständig macht? Versuchen Sie es jetzt. –
Plötzlich sind Sie bei einem Problem, das uns beschäftigt, oder bei einer Tafel Schokolade, die in unserem Sichtfeld liegt, und wir uns vorstellen, dass sie zum Beispiel gut schmeckt. Oder wir sind bei einer schmerzhaften Erfahrung, die uns nicht zur Ruhe kommen lässt. Von nun an *müssen* wir wachsam sein. Sie kontrollieren Ihren Geist und nicht umgekehrt, auch wenn es uns so manches Mal anders herum erscheint. Sie haben die

Kontrolle und bestimmen selbst, wie Sie und an was Sie denken. Und dieser *Bewusstheitszustand* sollte uns immer *klarer* werden. Wir können unseren Geist zwar von „der Leine lassen", jedoch können wir ihn zu jedem Zeitpunkt, mit dem Werkzeug der Wachsamkeit, zurückholen. Deshalb kontrollieren Sie Ihren Geist von nun an selbst! Rücken Sie gedanklich „einen Meter" neben sich. Beobachten Sie Ihren Geist, wie schnell er sich selbstständig macht und wie schnell Sie ihn auch wieder zurückholen können. Es wird sich so nach und nach ein neuer Bewusstheitszustand einstellen, da Sie mehr und mehr die Kontrolle über Ihren Geist übernehmen. Der nächste Meilenstein. Wie sollten wir uns nun verhalten, wenn wir merken, dass unser Geist zu negativen Emotionen abschweift. Wir haben zwei Möglichkeiten. Die leichtere Übung wäre, unseren Geist zurückzuholen und auf andere Gegenstände zu lenken, das allerdings nur einen Aufschub einer Lösung nach sich zieht. Jedoch sollte uns hierbei immer wieder *bewusst* werden, dass wir die Kontrolle über unseren Geist haben. Das wäre so eine Art Anfangsübung.
Die andere Möglichkeit wäre, das bisher Erlernte einzusetzen. Was wohl die bessere Möglichkeit wäre. Wir analysieren, wie es zu dieser negativen Emotion gekommen ist. Welche Ursachen und Bedingungen liegen hier zugrunde und wie lässt sich die negative Emotion vermeiden und in eine positive oder zumindest neutrale Emotion umwandeln? Hier ein Beispiel: Nehmen wir zu Weihnachten ein Familientreffen an. Ein prima Zeitpunkt für kleinere Reibereien. Der liebe Schwager, oder Schwägerin, prahlt mit seinem neuen Auto, seiner tollen Reise oder Sonstigem, das in uns Neid entstehen lässt. Nun gehen wir analytisch vor. „Gut, er kann sich Dinge leisten, von denen wir nur träumen können. Doch für welchen Preis?" Könnten Sie sich als Extrembeispiel vorstellen, mit einer

Königin von England und deren „Erscheinungswelt" zu tauschen? –

Wenn Sie wüssten, trotz Ihrer enormen irdischen Reichtümer, welche Sorgen und Pflichten hinter einer solchen Regentschaft stünden? Wie oft musste sie sich wohl bei einer solchen Regentschaft für das „Staatswohl" entscheiden, wobei persönliche Belange oder Bedürfnisse keine Rolle spielen durften. Wäre es vorstellbar, dass eine Königin irgendeines Landes gerne mit unseren Sorgen und Nöten tauschen würde? –

Oder wie sah es bei manchen „Traumhochzeiten" aus, wovon nach einer gewissen Zeit nur noch ein Scherbenhaufen übrig blieb? So steht hinter jeder Existenz ein eigenes Leid, das wir nicht kennen. Wäre es vorstellbar, wenn Sie das Leid kennen würden, dass Sie nun wieder wohl zufrieden mit Ihrem Leben wären? –

Unabhängig wie der Ursache- Bedingungszusammenhang war, so haben wir alle unsere Stärken und Schwächen, die wohlmöglich auch für den Aufenthalt auf dieser Erde verantwortlich sind. Daher ist jeder Mensch gefordert, aus einer „Zitrone des Lebens" das Beste daraus zu machen. Es sollte uns hierbei bewusst werden, dass die, die ganz oben stehen, auch mal ganz unten liegen können, wobei irdische Reichtümer oder Titel ebenso unvorhersehbare Konsequenzen in sich bergen können.

Worauf ich bei diesen Beispielen hinaus möchte: Wir neigen dazu, uns nur die schönen Dinge herauszupicken und alles andere links liegen zu lassen. Das zwar unserer Idealvorstellung entspricht, aber mit der Wirklichkeit weniger zu tun hat. Doch jetzt, wo wir die Kontrolle über unseren Geist so nach und nach übernehmen, können wir auch immer genauer analysieren, welche Ursachen und Bedingungen zu diesem Umstand geführt haben. Es ermöglicht uns eine bessere Lösung, *ohne* seinen negativen Emotionen zu erliegen. Die negative Emotion Neid ist entkräftet, da wir nun auch wissen, welches Leid, das wir nicht kennen, auch hinter einer solchen berühmten Existenz stehen kann. Wir wissen auch nicht, welche Verpflichtungen hinter einem Job stehen, um sich eine gewisse Freizügigkeit zu erkaufen. Wäre es vorstellbar, wenn wir es wüssten, wir vielleicht gerne auf diesen Job verzichten würden? –

Die Folge daraus ist: Wir müssen darauf hinarbeiten, dass negative Emotionen nicht mehr in uns entstehen. Denn der Ursache-Bedingungszusammenhang plant *niemals* sein Entstehen. Es sind letztendlich doch nur Illusionen, die in unserem Geist entstehen, die sogleich wieder am Verblassen sind, um von der nächsten Illusion abgelöst zu werden. Niemand nimmt sich etwas mit von dieser Erde, und meist ist der Preis zu hoch für irgendwelche Güter, die wir an „Lebenszeit" dafür bezahlen. Oder mit anderen Worten gefragt: Wie viel Leid ist Ihnen eine kleine Freude wert, die von einem Moment zum anderen verblasst? Was sind Ihr Geld, Ihr Haus, Ihr Auto oder Ihre Titel wert, wenn Ihre Besuchszeit auf dieser Erde *morgen* erlischt? Ein solcher Umstand kann auch sehr schnell eintreten, wie zum Beispiel bei einem unverschuldeten Verkehrsunfall oder einem Flugzeugabsturz. –

Sie werden wohl auf den gleichen Schluss kommen wie ich. – Jeder Mensch ist individuell und hat seine eigene Geschichte. Jedoch für seine spirituelle Weiterentwicklung ist jeder Mensch selbst verantwortlich. Nutzen Sie die Zeit, die uns auf dieser Erde noch bleibt. „Unverhofft steht der Tod vor uns." Dann noch etwas ändern zu wollen, wäre wohl zu spät.

Ziehen wir hier noch ein kurzes Fazit: Es gilt von nun an, unseren Geist zu beobachten. Sobald sich unser Geist selbstständig macht, beobachten wir ihn mit unserem Bewusstsein und holen ihn gegebenenfalls mit dem Mittel unserer Wachsamkeit zurück. Oder wir analysieren das Problem, wie beschrieben, und führen eine positive oder zumindest neutrale Lösung herbei. Wir sollten nun fähig sein zu unterscheiden, was vermieden und was angewendet werden sollte. Die durch Analyse gewonnenen positiven oder neutralen Emotionen müssen gewinnen. Unsere negativen Emotionen fügen uns seit undenkbaren Zeiten Schaden zu, falls wir schon mehrere Leben gelebt haben. Doch trotzdem dulden wir sie immer noch in unserem Geist, weil wir meist andere Menschen oder andere Dinge für unser Verhalten verantwortlich machen. Sehr unklug von uns, oder hat uns die Evolution einen bösen Streich gespielt? –

Aber einmal enttarnt, können sich unsere negativen Emotionen, als Illusionen erkannt, nur in Luft auflösen, so wie eine Seifenblase, die zerplatzt. Oder wir lassen es zu, dass sich unsere negativen Emotionen wieder in unserem Geist verstecken. Jedoch mit unserer Intelligenz und der Weisheit unseres Geistes können wir sie problemlos vernichten, da wir nun ihr wahres Wesen kennen. Bewusstheit sollte von nun an unser ständiger Begleiter werden, um bei Bedarf unseren Geist *weiterhin* unter Kontrolle zu halten. Wenn es auch momentan *ständiger* Aufmerksamkeit bedarf, so ist es nachher wie beim Autofahren. So, wie wir automatisch den Verkehr beobachten, so wird es uns auch zur Gewohnheit, unseren Geist zu beobachten. Unsere vorherige Einstellung, zum Beispiel jemandem schaden zu wollen, weil sich dieser Mensch uns gegenüber vielleicht sehr überheblich oder selbstsüchtig benimmt, wird sich von Grund auf ändern. Da das Leid *nur*

Leid nach sich zieht und letztendlich auf uns zurückfällt in Form unseres Karmas (Schicksals). So wie wir zum Beispiel „unwissentlich" dreißig Jahre lang Treibhausgase in unsere Atmosphäre ausgestoßen haben und erst jetzt unsere Quittung dafür erhalten.

Wir sollten unseren Geist ständig auf das Gute (unsere positiven Emotionen) richten oder, wenn das nicht möglich ist, zumindest neutral bleiben. Sollten wir doch einmal im Begriff sein, die Kontrolle über unseren Geist zu verlieren, vielleicht aufgrund unserer alten Verhaltensmuster, dann müssen wir unseren Geist, unsere Worte und unsere Handlungen zurückhalten. Verharren Sie wie ein Stein. Auch wenn wir dadurch momentan den Anschein erwecken, unterlegen zu wirken, so dürfte es wohl im Nachhinein besser gewesen sein, mit Geduld zu reagieren, als sich seiner Wut zu ergeben. Ein Beispiel, wie wir mit einer solchen Situation besser umgehen, könnte sein: Sie begegnen einem Menschen, der seinen negativen Emotionen unterliegt. Diesen Menschen könnten wir auch „Dummgeist des Tages" oder anders benennen. Jedoch dürfen wir bei diesem Gedanken keine negativen Emotionen in uns entstehen lassen. Wir behandeln diesen Menschen mit unserem neuen Wissen besonders freundlich. Seien Sie stolz auf sich, im positiven Sinne, Ihre negativen Emotionen immer besser in den Griff zu bekommen. Geduld zu üben zeugt von innerer Stärke. Den leichteren Weg, seiner Wut zu folgen, kennen wir ebenso. Analysieren Sie Ihr Verhalten und die *Konsequenzen*, die aus dieser Situation hätten entstehen können. Unsere negativen Emotionen sind die wirklichen Steine, die wir uns im Laufe unseres Lebens selbst in den Weg gelegt haben. Zerschlagen Sie sie, es sind nur unsere *eigenen* Stolperfallen, die sich aufgrund unserer Charaktereigenschaften und unseren Erfahrungen manifestiert haben. Wir sollten uns immer vor Augen führen, was getan und was vermieden werden sollte. Unsere Wachsamkeit und unsere Unterscheidungsfähigkeit werden uns dabei helfen. Sollte Ihre Bewusstheit und Wachsamkeit aufgrund von Erschöpfung einmal nachlassen, so *ruhen* Sie sich, wenn möglich, aus, bevor sich Ihr Geist unkontrolliert selbstständig macht! Auch wenn es nur fünf Minuten sind, um sich wieder zu sammeln.

Machen Sie immer wieder Pausen, und lassen Sie das Gelesene eine Zeit lang auf sich wirken. Dadurch geben Sie Ihrem Geist die Möglichkeit, sich immer besser mit dem neuen Wissen zu beschäftigen und anzufreunden. Die daraus folgenden Erkenntnisse können sich immer besser entfalten.

Für eigene Notizen:

Kapitel: 4

Was Sie über Hass wissen sollten

Wir sind einer Vielzahl von äußeren und inneren Umständen unterworfen, die auf Ursache und Bedingung (Wirkung) beruhen. Unser ganzes Leben ist dieser Entwicklung, oder wir können auch sagen einer ständigen Veränderung, unterworfen. Auch wenn wir anfänglich zufrieden waren, kann zum Beispiel Ehrgeiz zur Unzufriedenheit führen. Diese Nebenprodukte stärken alle unseren inneren Hauptfeind, den Hass. Und dieser hat nur eine Absicht. Uns zu schaden! Sobald wir bereit sind, Hass in uns aufsteigen zu lassen, welche Folgen hat das für uns? Versuchen Sie sich die Frage bitte erst einmal selbst zu beantworten, bevor Sie weiterlesen. Stellen Sie einfach ein paar Vermutungen an und machen vielleicht hierzu ein paar Notizen. –
Unser Hass verletzt unsere „Feinde" nicht im Geringsten, aber er kann unsere eigenen Tage und Nächte zur Hölle machen. So, wie ein anderer unsere Zahnschmerzen auch nicht spüren, aber großes Leid in uns verursachen kann. Hass ist eine Kraft, die unsere innere Freude vertreibt! Er lässt unsere freundlichen Gesichtszüge zu einer hässlichen Maske erstarren, die auf andere Menschen abstoßend wirkt. Hass nimmt uns das körperliche Gleichgewicht, indem wir keinen Schlaf mehr finden, unseren Appetit verlieren und dadurch auch vorzeitig altern. Auch Krankheiten aufgrund des körperlichen Ungleichgewichts lassen sich nicht ausschließen. Es handelt sich hierbei um die Zusammenhänge zwischen Seelenleben und organischer Krankheit, die auch Psychosomatik genannt wird. Unsere Persönlichkeit verändert sich negativ unter dem Einfluss von Hass. Wir werden gegen

alles und jeden misstrauisch. Aus diesem Misstrauen folgt die Unfähigkeit, die Güte zu erkennen, selbst bei Menschen, die uns einmal geholfen haben.

Kurzum: Lassen wir es zu, uns von unserem Hass beherrschen zu lassen, so laufen wir in eine Sackgasse, machen unser eigenes Leben zur Hölle und zerstören letztendlich uns selbst. Vielleicht fallen Ihnen noch ein paar Nachteile des Hasses ein. Jeder Mensch ist individuell und hat seine eigene Geschichte. Notieren Sie es vielleicht in Ihr kleines Notizbuch, damit sich Ihre neuen Erkenntnisse besser einprägen.

So machen wir eine Illusion, die allein in unserem Geist entsteht, die auf einem unabhängigen Ursache-Bedingungs‐zusammenhang beruht und sein Entstehen *nicht* plante, für unseren Hass verantwortlich. Aber unseren Hass selbst als Ursache allen Übels in unserer „Erscheinungswelt" zu erkennen und zu beseitigen, sollte unsere primäre Aufgabe sein, um *uns* und *andere* vor weiterem Leid zu bewahren. Wir geben stattdessen anderen Menschen oder Dingen die Schuld für unseren Hass, ohne zu erkennen, dass unsere wirklichen Feinde in uns leben. Spricht nicht alles dafür, unser Leben hassfrei beziehungsweise glücklich zu führen, das sich wohl ebenso auf unser Gemüt und unsere Gesundheit positiv auswirken dürfte. Auch unser späteres Karma (Schicksal), wer daran glaubt, könnten wir so positiv beeinflussen. Jeder Mensch kann durch sein positives Handeln auch die Zukunft positiv beeinflussen. Wo wir wieder beim Ursache-Bedingungszusammenhang angekommen wären. Nicht andere, sondern wir *allein* sind verantwortlich für unsere Emotionen.

„Nicht gegen die Peitsche, die meinen Schmerz verursacht, noch gegen dessen Verursacher erhebe ich mich. Ich erhebe mich *gegen* die Illusion Hass, die für dieses Zusammentreffen verantwortlich ist."

Was ist nun zu tun, um all die Nebenprodukte, die unseren inneren Hauptfeind, den Hass, stärken, nicht mehr in sich entstehen zu lassen? Es ist das Gegenmittel einzusetzen, unsere Geduld. Unsere Heiterkeit darf nicht der Unzufriedenheit weichen. Was hilft uns Unzufriedenheit, wenn es eine Lösung gibt? Und wenn es keine gibt, bringt uns Unzufriedenheit keinen Schritt weiter. Der weise Mensch lässt niemals zu, dass seine Heiterkeit der Unzufriedenheit weicht! Es liegt allein an uns, unseren Geist zu beherrschen und mit dem Haken der Wachsamkeit rechtzeitig zurückzuholen. Nehmen wir ein Beispiel zur Hand: Stellen Sie sich vor, Sie streiten mit einer anderen Person. Zum einen ist es wichtig, sich *gegen* den in sich aufkommenden Hass zu entscheiden! Zum anderen sollten wir die andere Person als Opfer ihrer eigenen negativen Emotion ansehen. Mit diesem Wissen können wir nun unseren Geist Zug um Zug umformen. Unsere Anstrengung, eine negative Geisteshaltung zu vermeiden, bekommt nun einen Sinn. Schwierigkeiten werden von nun an als Prüfung auf dem Weg unserer spirituellen Weiterentwicklung angesehen. Güte und Mitgefühl, im Sinne anderen zu helfen, sich von ihrer Unwissenheit zu befreien, werden von nun an unsere Begleiter sein. Je *mehr* unsere Geduld wächst, umso *weniger* kann sich Hass und Wut ausbreiten. Da wir nun die Wurzel allen Übels erkannt haben, können wir sie nun auch Zug um Zug beseitigen.

Kapitel: 5

Unser Körper

Nun wenden wir uns unserem Körper zu. Unser Körper ermöglicht unser irdisches Dasein für eine bestimmte Zeit. Dann zerfällt er wieder. Wir können auch sagen: Unser Körper ist nichts weiter als ein Bewegungsapparat, den sich unser Geist zunutze macht und uns eine gewisse Besuchszeit auf dieser Erde ermöglicht. Manche Menschen machen einen Kult aus ihm, um sich als Person hervorzuheben. Was jedoch unnötig ist, da es nicht das Piercing oder das Tattoo ist, sondern die positive und freundliche Ausstrahlung, die auf andere Menschen anziehend wirkt. Der wahre Sinn, unseren Körper zu erhalten, ist, uns spirituell, man kann auch sagen geistig, weiterzuentwickeln. Denn all die Güter, oder den Luxus, den wir erreichen, sind wertlos, sobald wir diese Erde wieder verlassen, das auch sehr schnell gehen kann. Sicherlich ist es schön, gewissen Luxus zu schätzen. Doch wir sind gut damit beraten, diese Güter eher als Leihgaben anzusehen. Warum? Damit uns unser Abschied von dieser Erde leichter fällt. Umso mehr wir uns an irdische Dinge binden, da unser ganzes Leben durch unseren Intellekt (Verstand) darauf ausgerichtet ist, umso eher werden wir vom Leid betroffen sein, es loslassen zu müssen. Das ist mit allen Dingen so, die wir versuchen krampfhaft festzuhalten. Je weniger wir bereit sind eine Sache loszulassen, umso größeres Leid wird es in uns verursachen. Die Intensität des Leides wird gleich der Intensität des Festhaltens sein. Machen Sie einen Selbsttest. Trennen Sie sich von irgendetwas, an dem Sie hängen. Mögen es Gegenstände mit Erinnerungswert oder Wertgegenstände sein. Nachdem Sie sich von diesen Dingen getrennt haben,

wird es uns erst richtig bewusst, dass wir die Intensität unseres Leides durch unser Anhaften an irgendwelche Dinge selbst bestimmen. Wie unnötig dieses Leid doch ist, das wir uns *selbst* zufügen, da wir doch letzten Endes sowieso alles loslassen müssen. Ob es sich nun um unsere irdischen Güter oder unseren Körper handelt. Denn wenn etwas Bestand hat, so ist es lediglich unser Geist, verbunden mit unserer Seele, die immateriell sind. Oder, anders ausgedrückt, mit Materie nichts zu tun haben. Unser Körper ermöglicht uns eine Besuchszeit von, sagen wir, etwa hundert Jahren. Wir können mit diesem Körper irdische Dinge umformen, verbinden, neu gestalten und so weiter. Unser Geist wächst in diesem Körper auf. Dann widmen wir uns unserer Lebensaufgabe, was auch immer unsere Ziele sind, bis, wenn alles gut geht, der Körper alt und mürbe wird und schließlich zerfällt. Letztendlich ist es nur wichtig, die negativen Emotionen zu beseitigen und für die positiven zu leben, ohne anderen Menschen zu schaden. –
Wir sagen zu anderen Menschen: „Ich liebe dich." Doch was lieben wir? Ist es der Körper oder der Geist? Wahrscheinlich sagen Sie: Beides.
Stellen sie sich nun den Geist Ihres Partners vor. Wir können diesen Geist weder sehen noch berühren. Genauso wenig ist uns das, so nebenbei bemerkt, mit unserem eigenen Geist möglich. Das, was wir lediglich sehen und berühren können, ist unser Körper oder der Körper des Partners. Hätte unser Körper keine Verbindung zu unserem Geist oder, anders formuliert, würde unser Geist unseren Körper verlassen, so wäre der Körper tot. Der Körper *allein*, als eine Ansammlung von Knochen, Organen und Flüssigkeiten, könnte uns ohne Geist gar nicht wahrnehmen. –
Haben Sie schon einmal einen toten Körper gesehen? Vielleicht jemanden aus Ihrer Verwandtschaft, den Sie

kannten? Hatte diese sterbliche Hülle noch etwas mit dem Menschen zu tun, den Sie einmal kannten und was diese Person charakterisierte? Oder war es nur noch eine leere Hülle? Lassen Sie die Worte einfach eine Zeitlang auf sich wirken. –

Stellen wir uns nun einen schönen Körper vor. Ob männlich oder weiblich. Gedanklich lösen wir nun die Haut ab. Lässt es uns dabei nicht erschaudern, wie wir unter dieser Hülle aussehen? Oder verschaffen Sie sich persönlich einen Eindruck in „Körperwelten", wo präparierte menschliche Körperteile ausgestellt werden. Was ist daran noch das Objekt unserer Begierde? Lassen wir uns von der „Erscheinungswelt", in der wir unser Leben fristen, blenden? –
Wir stehen jeden Morgen auf. Wir waschen diesen Körper, weil er sonst sehr bald unangenehm zu riechen anfängt. Bei Bus oder Zugfahrten, wo viele Menschen auf engem Raum beieinander sind, ist es Ihnen bestimmt schon mal aufgefallen, dass der Nachbar einen verstärkten Körpergeruch aufwies, was auch uns passiert, wenn wir nicht regelmäßig duschen.
Wir ernähren diesen Körper, da er sehr schnell Leid in uns verursacht, falls ein Mangel auftritt. So, wie zum Beispiel bei Hunger oder Durst. Was produzieren wir aus jedem Essen und was aus jedem Getränk? –
Wir pflegen diesen Körper, wenn wir krank sind, da er Leid in unserem Geist verursacht. Worauf beruhen unsere Bemühungen unser Leben lang? Dass wir uns in diesem Körper wohl fühlen, bis wir zu seinem Sklaven werden, spätestens dann, wenn wir alt und gebrechlich sind. Ohne diesen Körper, mit dem wir auf Lebzeiten auf dieser Erde verbunden sind, hätten wir gar nicht diese Bedürfnisse.

Niemand könnte uns verletzen, da der Körper die Basis ist, auf der wir den Schmerz erfahren. –

Was passiert mit dem Körper, wenn wir tot sind? Dieser Körper ist uns nützlich, indem er uns eine gewisse Besuchszeit auf dieser Erde verschafft, um uns spirituell weiterzuentwickeln, da alles andere nach unserem Tod bedeutungslos ist. Das heißt zum einen, die Kontrolle über unseren Geist zu übernehmen, und zum anderen, eine positive Geisteshaltung zu entwickeln. Auch wenn der Ursache-Bedingungszusammenhang ungünstig oder, anders ausgedrückt, das Entstehen von negativen Emotionen begünstigen würde.

Mein Tipp zwischendurch: Lesen Sie die einzelnen Sätze und lassen Sie sie eine Weile auf sich wirken. Ihre neuen Erkenntnisse stellen sich mehr und mehr ein, da unser Geist fähig ist, die Wahrheit zu erkennen. Man könnte es auch Meditation nennen. Meditation umfasst kurz gesagt unsere Geistesschulung. Die Natur der Dinge ist *Veränderung*, die wir durch unsere neuen *Erkenntnisse* und die daraus folgenden *Entscheidungen* beeinflussen können. Die Umformung unseres Geistes ist für *unsere* Weiterentwicklung erforderlich. Halten Sie Ihre neuen Erkenntnisse in einem Notizbuch fest, um leichter in die Thematik wieder hineinzukommen, falls Sie eine Weile mit anderen Dingen beschäftigt sind. Zudem sind Pausen angebracht, um zwischenzeitlich erreichte Kenntnisstände zu sichern und anzuwenden. Jedoch lassen Sie es auch nicht „schleifen", da jeder Mensch für seine spirituelle Weiterentwicklung *einzig* und *selbst* verantwortlich ist. Begehen Sie bitte nicht den Fehler, zu viele Stufen auf einmal nehmen zu wollen, da zu viele Eindrücke nur noch schemenhaft wirken. So wie beim Autofahren als Fahranfänger.

Kapitel: 6

Unsere inneren Feinde

Nur selten gelingt es uns, eine gute Tat absolut uneigennützig zu tun. Zum Beispiel, wenn uns andere Menschen nach dem Weg fragen, wir ihnen helfen können, sich die Menschen freundlich bei uns bedanken, steigt auch in uns eine kleine, innere Freude auf. Oder wir helfen einem verirrten Tier über die Straße oder aus einer misslichen Situation. Versuchen Sie einfach mal drei verschiedene Dinge, kurz hintereinander, absolut uneigennützig zu tun, und achten dabei auf Ihren inneren Gemütszustand. Geht es Ihnen danach nicht einfach besser, wenn wir unseren Egoismus oder, anders ausgedrückt, unsere „Ich-Sucht", einfach mal außer Acht lassen? Hat dieser positive Gemütszustand nicht eher etwas mit Gottes Lohn zu tun? –

Achten Sie einmal in einer Fußgängerzone darauf, wie viele von „Ich-Sucht" verbitterte Gesichter Ihnen entgegenkommen. Und anschließend achten Sie einmal auf Ihren Gesichtsausdruck, der sich vielleicht in einer Glasscheibe widerspiegelt. Würden Sie sich als Fremder gerne kennen lernen, oder würden Sie lieber einen Bogen um sich machen? –

Doch auch diese Erfahrungen, unsere „Ich-Sucht" unserer Güte unterzuordnen, muss jeder Mensch selbst herausfinden, für sich selbst erkennen und umsetzen. Machen Sie einen Selbsttest: Führen Sie eine Stunde für jemanden eine Arbeit aus und verzichten Sie auf das angebotene Geld. Fällt es Ihnen leicht oder schwer, Ihren Egoismus Ihrer Güte unterzuordnen? Es handelt sich hierbei um eine Momentaufnahme Ihres „Ich". Ihre Wahrnehmungen werden bestimmt durch Ihre Gedanken, Ihre Worte und die damit verbundenen Emotionen. Sie formen so Ihre momentane Realität. –

Doch nun zurück: Solche uneigennützigen Taten sind jedoch eher selten. Meist versteckt sich hinter fast jeder Tat ein eigener Vorteil, um seine Ziele zu erreichen. Wozu sind Sie bereit, um Ihre Ziele zu erreichen? Welche verbalen Waffen nutzen Sie dafür? Handelt es sich hier um Waffen, die Sie selbst fürchten? –

Sind es vielleicht Demütigung, Schmerz und unfreundliche Worte? Es kann jeder noch ein paar Dinge in seinem Notizbuch dazu schreiben, die er fürchtet. Diese Erkenntnisse dienen ausschließlich nur zu Ihrer spirituellen Weiterentwicklung. Und glauben Sie mir, jeder Mensch ist individuell und hat seine ureigenen Probleme, die ihn beschäftigen. Seien Sie einfach ehrlich mit sich. –

Und jetzt die Gegenfrage: Und was gönnen wir unseren „Feinden"? All das, wovor wir uns selbst fürchten? Stellen Sie sich nun gedanklich „einen Meter" neben sich. Wenn Sie für etwas von Ihrem Chef vor Ihren Mitarbeitern gelobt werden, was passiert mit Ihnen? Blähen Sie sich auf und prahlen vor den Kollegen? Werden nun andere Mitarbeiter gelobt, die Sie nicht so gerne mögen, kann in uns leicht Missgunst oder Neid entstehen. Hier sollten wir unsere Denkweise ändern. Warum? –

So wie ein Ahornsamen seine Spezifikation besitzt, ein Ahornbaum zu werden. Können Sie sich denken, worauf ich hinaus möchte? Je mehr negative Gedanken wir zulassen, umso höher wird das Potenzial, dass etwas Negatives entsteht. Mit dem Positiven ist es genauso. Sehen Sie es vielleicht einmal mit folgender Perspektive: Unsere Gedanken, die aufgrund winziger Energieimpulse in unserem Gehirn entstehen, sind ein kleiner Teil der Energie des Universums. Im Physikunterricht hat man uns gelehrt, dass Energien nicht verloren gehen, sondern nur umgewandelt werden können. Diese zuvor genannten Energiemengen können wir durch unser Denken steuern, zum Positiven, Neutralen oder Negativen. Ob nun Gutes oder Schlechtes ausgelöst wird, entscheiden wir durch unser Denken und den damit verbundenen Emotionen.

Könnte es sein, dass das die Aufgabe ist, die uns Gott gestellt hat, und wir die Wahl haben, uns für das Richtige zu entscheiden, um durch unser positives Handeln die nächste Stufe unserer spirituellen Weiterentwicklung zu erreichen und/oder unseren Frieden zu finden? So, wie es uns Jesus vorlebte. –

Wenn als Folge nun Ursachen vereint aufeinandertreffen, so kann *nichts* die Wirkung mehr aufhalten. Jede Ursache wirkt einen Moment. Sobald die Wirkung eingetreten ist, vergeht sie wieder. Jeder Gedanke hat ein positives, neutrales oder negatives Potenzial, das früher oder später seine Wirkung hat. Weder Ursachen noch Wirkungen planen ihr Entstehen. Die Folgerung hieraus ist, wir müssen unsere Emotionen auf das Positive richten. Auch wenn wir, wie vorher beschrieben, den Arbeitskollegen nicht mögen, weil er oder sie zum Beispiel sehr eitel oder selbstsüchtig ist, so sollten Sie sich über die positive oder gute Tat freuen, die vielleicht auch Ihren Arbeitsplatz sichert, sodass überhaupt kein Anlass besteht, Missgunst, oder Neid, in sich entstehen zu lassen. Sollte sie doch einmal entstehen, da wir alle emotionale Geschöpfe sind, müssen wir Geduld üben. Geduld widersteht dem Einfluss von Hass, Wut und Neid. Je mehr unsere Geduld und die damit verbundene *Bewusstheit* in uns wächst, unseren Geist zu beherrschen, umso weniger kann sich Hass und Ärger ausbreiten. Machen Sie einen weiteren Selbstversuch: Lassen Sie es einfach mal aufgrund eines zum Beispiel alten Verhaltensmusters, dass Sie in Wut geraten über irgendeinen Umstand. Lassen Sie die Wut testhalber einfach einmal ausbrechen. Zum Beispiel bei einer handwerklichen Tätigkeit, die nach mehreren Versuchen immer noch fehlschlägt. Wie schnell geraten Sie auch über andere nachfolgende Dinge in Wut, die vielleicht nicht gleich funktionieren, falls es Ihnen nicht gelingt, Ihren Geist durch Bewusstheit und Wachsamkeit weiterhin unter Kontrolle zu halten?

Dieser Selbstversuch sollte uns zeigen, wie schnell uns unsere negativen Emotionen überrumpeln können und auch weiterhin unseren Tag vermiesen können, falls wir es zulassen. In dem Moment, wo wir es zulassen, dass negative Emotionen in uns ausbrechen, haben wir auch gleichzeitig gegen unsere inneren Feinde verloren. Dieser immer weiter zunehmende Bewusstheitszustand, der uns eine höhere Einsicht und Wahrnehmungsfähigkeit ermöglicht, lässt auch eine immer *bessere* Kontrolle über unseren Geist zu.

Das könnte doch eine sinnvollere Lebensaufgabe sein, wobei jeder, wenn wir ehrlich sind, genug vor der „eigenen Tür zu kehren hat." Je mehr unsere Bewusstheit und Wachsamkeit steigt, umso besser können sich die neuen Erkenntnisse entfalten. Wir erkennen immer deutlicher, wie viele negative Emotionen innerhalb nur eines Tages in uns entstehen, die, sagen wir, aus einer alten Gewohnheit abgerufen werden. Diesen Kampf gegen Ihre inneren Feinde sollten Sie heute und jetzt beginnen. Sie werden feststellen, dass Sie mit der Zeit immer *besser* werden, Ihren Geist zu kontrollieren, auch wenn sich gewisse Ausrutscher nicht ganz vermeiden lassen. Es geht jedem gleich. –

Eine Kurzgeschichte:

Stellen Sie sich vor, dass wir alle reine Seelen hatten. Diese Seelen erlagen einer wachsenden Unzufriedenheit aus Unwissenheit. Daraufhin schickte uns der liebe Gott auf die Erde mit dem Auftrag, unsere negativen Emotionen, die nur Illusionen sind, zu beseitigen. Doch unser Karma, das Resultat, was wir in diesem Leben falsch gemacht haben, beziehungsweise unseren negativen Emotionen erlagen, erlaubte uns erst dann zurückzukommen, wenn wir unser Schicksal erfüllt und unsere reinen Seelen wiedererlangt haben. Und so wandeln wir Leben für Leben auf dieser Erde, bis uns das Tor, als Geschöpf Gottes, wieder geöffnet wird.

Bleiben Sie entspannt und lassen Sie die Worte einfach möglichst neutral auf sich wirken. Auch wenn das Gesagte momentan nicht Ihre volle Zustimmung findet, da es kaum möglich ist, jeder Meinung gerecht zu werden, sollten wir diese Option als Möglichkeit zumindest in Betracht ziehen.

Für eigene Notizen:

Was ist der Sinn

Ich maße mir nicht an, den genauen Weg zu kennen, jedoch könnte
Leben als „Besucher" oder als „Gast" achten, und was vermieden
Dasein nur eine Zwischenebene in unserer spirituellen Weiterent

Negative Emotionen

Gedanken sind
verbunden mit
oder neutralen

Innere Feinde sind u.a. Unser Egoismus,
Wut, Stolz, Eifersucht, Neid, Rachsucht,
Begierden, welche alle unseren Inneren
Hauptfeind, den Hass stärken. Unser
Körper und unser „Egoistisches Ich"
versuchen uns an unser Irdisches Leben zu
binden, da sich unser Erfahrungsbereich
nur auf irdische Dinge beschränkt.

Ein Körper der
unserem späteren
Karma entspricht

Unsere inneren Feinde
(negative Emotionen)
verursachen Leid in uns
und fügen auch anderen
Menschen Schaden zu.

Ursache Bedingungskreislauf:
Das Resultat unserer früheren
Handlungen aufgrund unserer
negativen Emotionen erzeugt
negatives Karma

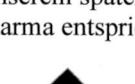

Dies führt zur Wiedergeburt.
Verbunden mit dem charakterlich
vorbelasteten Geist, der unsere
negativen Neigungen beinhaltet,
welches uns unser negatives
handeln (Karma) beschert hat.
Mit unserer Wiedergeburt
erhalten wir die Möglichkeit uns
von unseren negativen
Emotionen zu befreien, die zu
dem Leid führen, das wir nun
selbst in diesem Leben erfahren.
Der Körper ist die Basis über die
wir Schmerz erfahren.

unseres Lebens?

hier ein Anhaltspunkt gefunden werden, worauf man in diesem
Werden sollte. Es wäre ebenso denkbar, dass unser irdisches
wicklung ist.

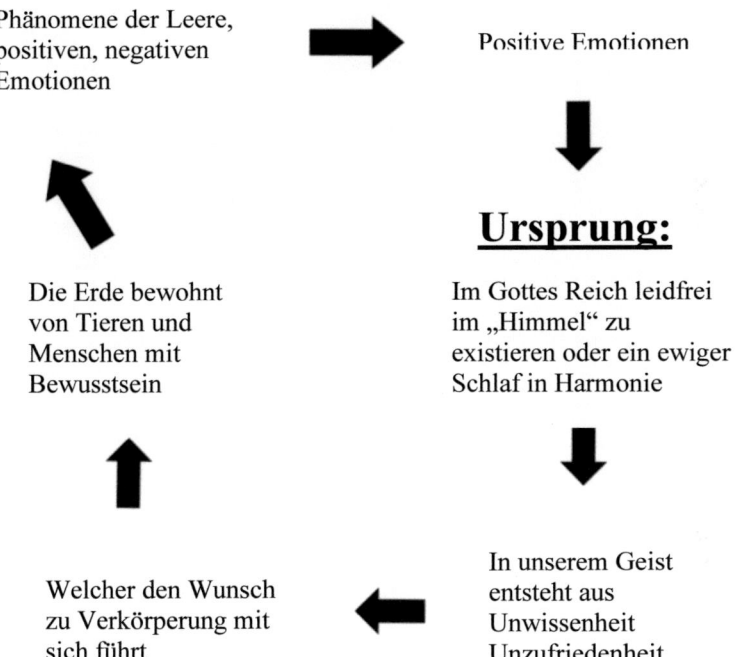

Phänomene der Leere,
positiven, negativen
Emotionen

Positive Emotionen

Ursprung:

Die Erde bewohnt
von Tieren und
Menschen mit
Bewusstsein

Im Gottes Reich leidfrei
im „Himmel" zu
existieren oder ein ewiger
Schlaf in Harmonie

Welcher den Wunsch
zu Verkörperung mit
sich führt

In unserem Geist
entsteht aus
Unwissenheit
Unzufriedenheit

Vergleichen Sie einen egoistischen Menschen, der immer nach seinem
eigenen Nutzen handelt, mit einem weisen Menschen, der stets nach dem
Wohl der anderen strebt. Gottes Lohn ist nicht auf dieser Erde zu finden und
hat auch nichts mit irgendwelchen irdischen Gütern zu tun. Doch das
erkennen viele Menschen nicht, da sich ihr ganzes Tun auf ihren Intellekt
(Verstand) beschränkt.

Kapitel: 7

Unsere Sorgen

Welche Leiden sind wir bereit für unseren Körper auf uns zu nehmen? Hätten wir diesen Körper nicht, so könnten weder Geldsorgen noch Hunger, Durst oder andere Dinge uns etwas anhaben. Unser Körper ist die Basis, über den wir den Schmerz erfahren. Hätten wir ihn nicht, könnten uns andere Wesen auch nicht verletzen. Jedoch das Anhaften an unseren Körper, unsere Begierden als auch unsere negativen Emotionen hindern uns daran, den Kreislauf der Wiedergeburten zu verlassen. Die *Ursache* für dieses Leid haben wir somit *selbst* gesät. Gelänge es uns nicht, uns von unserer Unwissenheit zu befreien, wären wir weiterhin nur dem Wahrnehmungsbereich der irdischen Erscheinungswelt und unserem Intellekt ausgesetzt. Geblendet von vergänglichen Vergnügen, von einer Illusion zur nächsten jagend, die uns unserem Geist ein kurzzeitiges, falsches Glück vorgaukelt, ohne zu erkennen, dass es sich nur um Illusionen oder, anders ausgedrückt, um Phänomene der Leere handelt. Mit jedem erreichten Ziel, das wir durch das Leid auf Kosten anderer erreichen, werden wir in das irdische Leben immer weiter involviert (hineingezogen), da das von uns verursachte Leid uns früher oder später aufgrund des Ursache-Bedingungszusammenhangs wieder einholt.
So wie der Ursache-Wirkungszusammenhang der Treibhausgase, wie ich schon erwähnte, die wir Jahrzehnte in die Luft jagten und uns auch erst nach circa 30 Jahren einholen. Von dieser Unwissenheit sollten wir unseren Geist befreien, um weiteres Leid zu vermeiden. Hier ist unsere Intelligenz gefragt, die jenseits des begrifflichen Denkens liegt,

um das wirkliche Wesen der Dinge zu erkennen. Diese Intelligenz hat nichts mit Gütern dieser Erde zu tun. –

Selbst unsere positiven Emotionen sind ebenfalls nur Momentaufnahmen, die einer ständigen Erneuerung bedürfen, um uns ein angenehmes Dasein zu ermöglichen. Genießen Sie Ihre positiven Emotionen, *ohne* an ihnen festzuhalten, da sie im nächsten Moment schon wieder vergehen, um von der nächsten Emotion abgelöst zu werden. –

Es ist doch unvernünftig, eine negative Emotion in sich entstehen zu lassen, die unseren inneren Hauptfeind, den Hass, stärkt, gegenüber einem Menschen, der uns aufgrund seiner verstörten Emotionen schadet. Er hilft uns zum einen dabei, uns von unserem schlechten Karma (Schicksal) zu befreien, indem wir keinen Hass in uns entstehen lassen und Geduld üben. Zum anderen richtet sich dieser Mensch selbst zugrunde, indem er schlechtes Karma anhäuft. Wer uns also aufgrund seiner negativen Emotionen Leid zufügt, häuft negatives Karma an und legt die Grundlage für sein zukünftiges Leben. Durch diese Sichtweise lernen wir unseren Geist immer besser zu beherrschen. Sind solche Menschen nicht bemitleidenswert, die sich in ihren negativen Emotionen verfangen, nur weil sie den Weg nicht erkennen und sich von ihren negativen Illusionen leiten lassen? –

Ist es nicht viel schöner, als aufrechter Mensch, mit einem guten Herzen durch unser Leben zu gehen? Vielleicht hilft auch ein Gebet in stiller Stunde, wenn wir unsere Last mit Gott „teilen" können. Wir könnten hier auch sagen, uns mit dem Universum zu verbinden, um vielleicht jeder Ansicht gerecht zu werden. Jedoch glaube ich nicht, dass wir dem Ursache-Wirkungszusammenhang damit entkommen. Vielleicht ist das der „Fluch", der auf dieser Erde liegt. –

Vielmehr unsere Liebe und unser Mitgefühl zu anderen, im Sinne, ihnen zu helfen, sich von ihrer Unwissenheit zu befreien, wird auch uns helfen. So dass wir gegen unsere inneren Feinde auch immer besser bestehen, um uns letztlich von ihnen befreien zu können. Mit anderen Menschen positive Emotionen zu teilen, den Hass zu entwurzeln, wäre wohl auch im Sinne Gottes. Welcher Verrat und welche Verleumdung wurden für irdische Reichtümer oder Titel begangen? Die Geschichtsbücher sind gefüllt mit solchen Ereignissen, die durch alle Ebenen der Gesellschaft führen. Hat Jesus jemals einem anderen Menschen ein Leid zugefügt oder Hass gegen seine Widersacher, Verleumder oder Verräter empfunden? Im Gegenteil, obwohl er wusste, dass er von Judas verraten und von Petrus verleumdet wurde, vergab er ihnen. Jesus erkannte nicht nur, sondern lehrte uns auch die Wahrheit durch sein Verhalten. Hass verursacht nur Leid. Ein „Diener Gottes" wird niemals zu einer Waffe greifen noch jemandem einen Schaden zufügen, da das zugefügte Leid zu seinem eigenen Schicksal werden könnte. Die mögliche Folge daraus wäre ein schlechtes Karma aufgrund eines unausweichlichen Ursache-Bedingungszusammenhangs. Wäre es vorstellbar, dass uns unser altes Schicksal in diesem Leben wieder einholt und wir uns weigern, es als Schuld anzuerkennen, da wir unser Leben als abgeschlossene Einheit betrachten, das es vielleicht doch nicht ist? –

Wie heißt es in der Bibel: „Wer das Schwert nimmt, wird durch das Schwert sterben." Ich glaube, diese Aussage hat sich nicht nur tausendfach, sondern millionenfach bewahrheitet, da kein einziger „Soldat" in irgendwelchen Kriegen sterben wollte. Dabei kann der Begriff Schwert auch verallgemeinert als Waffe bezeichnet und in den Bibeltext eingefügt werden. Man könnte hier noch eine kleine Differenzierung einbauen.

Die Waffe, als Gegenstand betrachtet, ist weder gut noch böse. Eine Peitsche, ein Gewehr oder einen Degen könnten wir zum Beispiel dafür nutzen, um unsere Geschicklichkeit zu trainieren oder um jemandem zu schaden. Es sind somit unsere negativen Emotionen, die zu dem Leid führen, dass wir mit dieser Waffe verursachen, und somit unser nächstes Schicksal *formen*. –

Stellen Sie sich vor, irgendjemand ruft einen Krieg aus und keinen interessiert es, da nur das positive Miteinander zählt. Auch Buddha erkannte diese Wahrheit und lehrte sie wie Gottes Sohn. Es liegt allein an uns, unsere Besuchszeit zu nutzen. Jedoch muss jeder *selbst* diesen Weg beschreiten und an sich arbeiten, um Veränderungen im positiven Sinne zu ermöglichen und herbeizuführen.

Kapitel: 8

Unser Dasein auf dieser Erde

Was sind unsere Ziele auf dieser Erde? Ist es Reichtum, Macht oder beides? Was ist eine Illusion wert, die sowieso wieder zerfällt, so wie es zum Beispiel mit ganzen Weltreichen geschah? Was passiert in Europa mit den Grenzen, für die unsere Vorväter gekämpft haben? Brauchen wir sie noch, oder werden diese Grenzen im Sinne der Globalisierung immer unwichtiger, da das positive Miteinander immer mehr an Bedeutung gewinnt? Wir sollten erkennen, dass die Begierde Geld auch kein Allheilmittel ist und uns auch keinen Seelenfrieden schenken kann. Was ist mit Lob, Ruhm und Ehre? Was sind die Titel wert, wenn wir tot sind? Ein schlauer Mensch, der in Harmonie lebt, legt keinen Wert auf diese Dinge. Es sind nur Illusionen, die uns an das irdische Dasein binden. Was ist an irdischen Genüssen wie Alkohol, Drogen, Spielen oder anderen Genüssen so wertvoll? Was wir vielleicht für die „Krönung" unseres irdischen Daseins halten, sind nur kurzzeitige, flüchtige Befriedigungen. Es handelt sich hierbei nur um Momentaufnahmen, die in unserem Geist entstehen und im nächsten Augenblick schon wieder am Verblassen sind. Vielleicht verbunden mit einer „Katerstimmung".
Was nicht heißen soll, dass wir diese Dinge ablehnen sollten, sondern uns darüber lediglich bewusst werden, dass es sich hierbei nur um *irdische* Befriedigungen handelt, die einige Momente wirken und dann schon wieder am Verblassen sind.
Sie hatten als Kind bestimmt ein Lieblingsspielzeug, dem Sie besondere Aufmerksamkeit schenkten. Sei es eine Puppe, Pfeil und Bogen oder ein Spielzeugauto. Was ist daraus geworden? Sie haben wohl irgendwann Ihr Interesse daran verloren.

Dauern Vergnügen über den Tod hinaus? Für unsere spirituelle Weiterentwicklung sind diese Dinge bedeutungslos. Es sind hier letztendlich die positiven Emotionen, die wir mit dem Spielzeug verbinden. Manche Emotionen können ein Leben lang dauern, wie die Liebe und die Zuneigung, doch alle anderen Genüsse sind zeitlich begrenzt und verschaffen nur eine flüchtige Befriedigung.

Worauf ich hinaus möchte: Es sollte uns in diesem Leben gelingen, unsere negativen Emotionen endgültig zu entwurzeln, so dass sie keine Macht mehr über uns haben. Je früher wir damit anfangen, umso weniger „negatives Potenzial" haben wir aufzuarbeiten. Doch es wird einen längeren Zeitraum beanspruchen, weil die Interaktion der negativen Phänomene unglaublich vielfältig ist. Nur durch die *ständige* Kontrolle unseres Geistes wird es uns ermöglicht, diese Phänomene nicht mehr in sich entstehen zu lassen. Geduld zu üben heißt nichts anderes, als gegen Personen, die ihren negativen Emotionen unterliegen und uns schaden möchten, keinen Hass und keine Wut zu empfinden, die wiederum unseren inneren Hauptfeind, den Hass, stärken würden. Wenn es uns zudem gelingen würde, diese Person noch als Helfer anzusehen, der uns von unserem negativen Karma befreit, sind wir auf der Gewinnerstraße. Auch wenn sich manche Menschen an den Gedanken des Karma nicht anfreunden können, so hilft es ihnen mit dieser Sichtweise als „Brücke", ihren Geist weiterhin zu *beherrschen*! Lassen wir die Person, das Opfer seiner eigenen negativen Emotionen geworden ist, in Unwissenheit, so kann dieses negative Potenzial zu einer „Frucht des Hasses" heranwachsen, dessen Wirkung sich früher oder später nicht mehr aufhalten lässt. So wie einfache Auseinandersetzungen zu Kriegen führen können und das Hasspotenzial im Extremfall immer weiter bis hin zur gegenseitigen Tötung ansteigen kann. Ich erlaube mir an dieser Stelle sogar zu behaupten, dass es nie im Sinne Gottes war, einen Krieg unter seinem Namen noch wegen eines anderen Grundes zu führen. Der Sinn der Kriege läuft sowieso darauf hinaus, irgendwelche Machtansprüche und/oder irdische Güter zu vermehren. Sie könnten jetzt sagen, Kriege betreffen uns nicht mehr in dieser Region. Aber wie sieht es mit Familienszenarien aus, wo zum Beispiel ein Familienvater sich selbst und seine Familie umbringt? Oder der Amoklauf eines Schülers? Welche extremen negativen Emotionen haben dazu geführt, dass solche Tragödien mitten unter uns stattfinden? Hat hier der Hass, die Wut und die Verzweiflung sein Urteil, inmitten unter uns, gesprochen? –

Falls wir eine Möglichkeit erkennen, Menschen von ihrer Unwissenheit zu befreien, so sollten wir das tun. Wie sähe so etwas in der Praxis aus? –

Wir könnten in einem Gespräch darauf hinweisen, dass unsere wahren Feinde unsere negativen Emotionen sind, die es gilt, in diesem Leben auszuschalten. Dabei sollten wir erkennen, dass Emotionen nur Illusionen sind, die in jedem Geist entstehen. Vor weiteren Erklärungen würde ich absehen, um Missverständnissen vorzubeugen. Stattdessen würde ich auf dieses Buch verweisen, um eine gemeinsame Basis zu schaffen. Denn die Wahrheit zu erkennen, muss jeder Mensch für sich *selbst* herausfinden. Können Sie sich noch daran erinnern: „Man kann einen Menschen nichts lehren, man kann ihm nur helfen, es in sich selbst zu finden." –

Seien Sie zuversichtlich, Ihren Beitrag geleistet zu haben. Die Brücke haben Sie gebaut, jedoch beschreiten muss sie jeder *selbst*. Vielleicht wird sich diese Person sogar bei Ihnen bedanken. Bei Menschen, die sich nicht helfen lassen wollen und wir vielleicht noch ihren Hass auf uns ziehen, ist es besser aus dem Weg zu gehen, ohne sie zu verletzen oder zu kränken, in der Hoffnung, dass sie im Alter weiser werden. Man kann diesen Menschen leider nicht den Frieden schenken. Den ersehnten Frieden kann sich jeder Mensch nur selbst schenken, indem er für sich die Wahrheit erkennt und in Harmonie danach lebt. Uns sollte bewusst werden, dass wir mit jedem Tag, den wir auf dieser Erde erleben dürfen, wir gleichzeitig auch die Möglichkeit erhalten, uns für das Richtige, unsere positiven Emotionen zu entscheiden, ohne jemandem zu schaden. Es wäre eine Verschwendung, das nicht zu tun. Gott ist geduldig und wartet mit seinem Urteil bis zu unserem Ableben. Denn für jeden kommt die Zeit, die Erde wieder zu verlassen.

Kapitel: 9

Wir, die Sklaven unserer Begierden

Welche Mühen nehmen wir auf uns, um irdische Güter zu erlangen? Haben wir sie einmal erreicht, fühlen wir uns auch verpflichtet, sie zu erhalten. Zum Beispiel bei einem Haus oder Auto.
Greifen wir uns hier einfach das Beispiel Auto heraus. Das Auto hat den Sinn, unseren Körper von Punkt A nach Punkt B zu transportieren. Zuerst müssen wir Geld verdienen, um den Führerschein zu machen. Haben wir es geschafft, brauchen wir Geld, um uns ein Fahrzeug zu kaufen, ob neu oder gebraucht. Nach der Anschaffung kostet das Fahrzeug nicht nur Benzin, Öl und Inspektionskosten, sondern auch noch Steuer und Versicherung. Wir putzen es, damit es wieder gut aussieht. Die Abgase, die das Fahrzeug produziert, belasten die Umwelt. Wenn das Fahrzeug in die Jahre kommt, braucht es teure Reparaturen, einen neuen TÜV, bis der Aufwand zu groß ist und das Fahrzeug dann letztendlich verschrottet wird. Was nicht heißen soll, dass ein Fahrzeug nicht sinnvoll ist, um unser Leben zu erleichtern. Doch wie viel „Lebenszeit" sind wir bereit zu opfern für ein Fahrzeug, das letztendlich doch in der Schrottpresse landet? –
Fallen Ihnen hierzu Parallelen zu unserem Körper auf? –
Wenn nicht, dann lesen Sie noch einmal Kapitel 5.
Das Fazit lautet: So, wie ein Fahrzeug unseren Körper begleitet, so begleitet unser Körper unseren Geist eine gewisse Zeit. All diese Güter wiederum dienen nur unserem Körper. Denn hätten wir ihn nicht, brauchten wir auch diese Güter nicht. Haben wir einen gewissen Wohlstand erreicht, leben wir in Angst, diesen wieder zu verlieren. Wegen des Geldes gab es

schon viel Streit. Viele Menschen haben sich entzweit. Wir brauchen gar keine größeren Kreise zu ziehen. Ich verwende hier einfach die Worte: Verwandtschaft, Ehe oder Geschäftspartner. Genügend Beispiele müssten wohl nun auch Ihnen einfallen. So, wie ein Teil der Menschen an seiner Armut leidet, so leidet ein anderer Teil an seinem Reichtum. Auch diese Leiden gehören zu dem Kreis unserer Begierden, die es früher oder später loszulassen gilt. Können Sie sich noch an die Passage erinnern, dass wir gut damit beraten sind, die Güter als Leihgaben anzusehen, damit uns der Abschied nicht so schwerfällt? All diese Dinge, ob es sich nun um materielle Güter oder unseren Körper handelt, sind Dinge, die uns zum einen durch unseren Verstand (Intellekt) an das Leben binden, andererseits mit unserer spirituellen Weiterentwicklung nichts zu tun haben oder uns sogar davon ablenken. Wir tragen unsere wirklichen Feinde gegebenenfalls ein Leben lang in uns! Diese Feinde sind bereit, von einem Augenblick zum anderen in uns loszuschlagen. Das sollten wir erkennen, gegen unsere negativen Emotionen vorgehen und sie entwurzeln, anstatt die Schuld immer anderen Menschen oder Dingen für unser Verhalten zu geben. Wir *allein* sind verantwortlich für unsere Emotionen und unser Verhalten. Unsere Besuchszeit ist begrenzt. Dem Ursache-Bedingungskreislauf (Wirkungskreislauf) entkommen wir nicht. Ein Gesetz, das lange vor unserer Besuchszeit bestand und lange nach unserer Besuchszeit weiterhin bestehen wird. Es ist vielleicht sogar das Universalgesetz. Lassen Sie Ihrer Phantasie kurz freien Lauf: Sollte es irgendwann nachweisbar sein, durch ein zum Beispiel entschlüsseltes Raum-Zeit-Kontinuum, dass der Ursache- Bedingungskreislauf unser Schicksal erfüllt, so könnte es auch eine irdische Gesetzgebung überflüssig machen, da niemand seinem Schicksal entgeht.

Lässt es sich erahnen, welche Tragweite solche Gedanken haben können? –

Es wäre ebenso denkbar, dass unser irdisches Dasein nur eine Zwischenstation in unserer spirituellen Weiterentwicklung ist und unser Tod uns den Eintritt in die nächste Ebene ermöglicht, falls wir unsere irdischen Prüfungen bestanden haben. Möge sich jeder selbst seine Meinung dazu bilden.

Jedoch ist jeder Mensch damit gut beraten, erst einmal im Vergleich das kleine „Einmaleins" zu lernen (seinen Geist zu beherrschen), bevor wir weitere Schritte in unserer geistigen Weiterentwicklung in Angriff nehmen können. Sehen Sie es so: Einen Erstklässler wird man auch nicht nach dem ersten Schuljahr zur Abiturprüfung anmelden. Wir können nur Stufe um Stufe in unserer geistigen Weiterentwicklung voranschreiten, da unsere Intelligenz, die jenseits unseres Intellektes liegt, vielleicht zu wenig genutzt wurde oder noch mit unserem Urhirn gekoppelt ist, das eine Klasse zu überspringen unmöglich macht. Wie auch immer: Wichtig ist hierbei nur zu erkennen, wo wir ansetzen sollten. Der Zeitraum unseres Lebens ist im Vergleich zum Zeitraum des Ursache-Bedingungszusammenhangs wahrscheinlich noch nicht mal ein minimaler Funke, der sogleich wieder erlischt.

Für eigene Notizen:

Kapitel: 10

Unsere Besuchszeit

Während unseres ganzen Lebens gehen unsere Bemühungen dahin, unseren Körper zu erhalten. Wir nutzen diese Zeit, um vielleicht Kinder großzuziehen sowie auch Titel und Reichtümer zu erlangen. Wie ein Haus, ein Auto, Geld oder andere Dinge. All unsere Bemühungen sind darauf gerichtet, uns in diesem Körper wohl zu fühlen. Doch letztendlich, wenn uns die Zeit einholt, wir alt und gebrechlich sind, werden wir zu seinem Sklaven. Wir nehmen sogar viele Schmerzen auf uns, um unsere Besuchszeit zu verlängern. Wofür? –
Weil wir Angst vor dem Unbekannten haben? Vielleicht sogar begründet, je nachdem, wie wir unser Leben gelebt haben? Hier sollte uns spätestens klar werden, dass nur unsere geistige Weiterentwicklung uns weiterhilft, die nichts mit den Gütern dieser Erde zu tun hat.
Wenn wir unser bisheriges Leben zurückverfolgen, so ist unser ganzes Leben auf Dinge gerichtet, die uns nur kurzzeitige, flüchtige, irdische Befriedigungen verschafften. Wer oder was ist dafür verantwortlich?
Versuchen Sie sich die Frage erst einmal selbst zu beantworten. –
Stellen Sie einfach ein paar Vermutungen an, und schreiben Sie es in Ihr Notizbuch. –
Es ist unser „egoistisches Ich", das uns ein Leid nach dem anderen erfahren lässt und eine weitere Hürde in unserem Leben darstellt. Warum? –
Weil wir uns meist viel wichtiger nehmen als andere. Gute Erziehungsmethoden wie: Behandle andere Menschen so, wie

du an ihrer Stelle behandelt werden möchtest. Oder: Interessiere dich für andere Menschen, und man wird sich für dich interessieren. Ein weiteres Beispiel: Nehmen Sie andere Menschen und ihre Interessen genauso wichtig wie Ihre eigenen. Diese Vorzüge geraten sehr schnell in Vergessenheit, wenn es um unsere eigenen Interessen geht. Sich immer wichtiger als die anderen zu nehmen, ist ein Fehler, der sehr viel Leid verursacht.

Dieses „egoistische Ich" gilt es vorerst zu *erkennen* und abzuschwächen. Wie gehen wir am besten vor? – Versuchen Sie sich die Frage bitte wiederum selbst zu beantworten, bevor Sie fortfahren. Lassen Sie Ihren „Geist von der Leine" und stellen einfach ein paar Vermutungen an. Der richtige Weg eines Selbststudiums.

Ihre richtige Folgerung müsste heißen: Indem wir versuchen, uns an die Stelle des anderen zu versetzen und diesen an die eigene.

Der Weisheit letzter Schluss heißt, andere zumindest genauso zu lieben wie sich selbst, um die Wünsche anderer und seine eigenen zu erfüllen. Erinnert Sie der letzte Satz auch an die Bibel? – (Geben ist seliger als Nehmen, oder: Liebe deine Feinde wie dich selbst ...?) –

Doch um diese Weisheit zu erfüllen, müssen wir unser Wissen erweitern.

Was haben im Allgemeinen Großmütter oder andere Vertrauenspersonen an sich, dass man sie als Kind so sehr liebt? Ist es vielleicht ihre Herzensgüte? –

Versuchen Sie jetzt ein paar glückliche Momente aus Ihrer Jugend vor Ihrem geistigen Auge erscheinen zu lassen. –

Und nun die Gegenfrage: Was hatten „große Führer" an sich, dass sie Angst und Schrecken verbreiteten? War es ihr Egoismus, ihr Verlangen nach Macht oder ihr Hass, der Tausende von Menschen in den Abgrund riss? –

Setzen wir nun die beiden Extreme gegeneinander. Es ist somit die Herzensgüte und die Liebe, die wir unserem Egoismus entgegensetzen müssen. Der Mensch, der einem anderen Menschen Schaden zufügt, folgt nicht seiner Herzensgüte, sondern seinem Egoismus. Ein uraltes Spiel, vermehrt eigene Vorteile anzuhäufen und den anderen dabei möglichst leer ausgehen zu lassen. Dafür ist eindeutig unser „egoistisches Ich" verantwortlich. Das sollten wir vorerst erkennen. Wie viel Gutes haben Sie von anderen Menschen erfahren, denen gegenüber wir Dankbarkeit und Liebe empfinden? Machen Sie eine kurze Pause und lassen all die Personen vor Ihrem geistigen Auge erscheinen, die uns haben Gutes erfahren lassen und denen wir dankbar sind. –

Die Folgerung wäre nun, andere Menschen genauso wichtig zu nehmen wie uns selbst, um unseren Egoismus einzudämmen, das eine gewisse Zeit beanspruchen dürfte. Als zweiten Schritt sollten wir andere wichtiger nehmen als uns selbst, um die Vorzüge der Herzensgüte herauszustellen. Die Eigenliebe, die man für sich selbst empfindet oder, anders ausgedrückt, unser Egoismus versucht uns ebenfalls, wie auch unser Körper, der uns einen gewissen Aufenthalt auf dieser Erde ermöglicht, an das irdische Leben zu binden. Warum? Weil all unsere Begierden, die sich auf unseren Intellekt beschränken, nur auf die Dinge gerichtet sind, die uns das irdische Leben bietet. Dabei erkennen wir nicht, dass es sich nur um kurzzeitige, flüchtige Befriedigungen handelt, die im nächsten Moment schon wieder am Verblassen sind.

Um unseren Egoismus abzuschwächen, ist unsere erste Übung, andere genauso wichtig zu nehmen wie uns selbst. Wie sieht das in der Praxis aus? Wir nehmen unsere Interessen meist wichtiger als die Interessen anderer. Versuchen Sie bei einem beliebigen Gespräch gedanklich „einen Meter" neben sich zu rücken, um sich selbst zu beobachten. Versuchen Sie nun die Interessen des anderen genauso wichtig wie die eigenen zu nehmen, indem Sie versuchen, sich *auf den Standpunkt* Ihres Verhandlungspartners zu versetzen. Durch anschließende Analyse der Interessen wägen Sie ab, ob Sie wirklich beide Interessen gleichwertig behandelt haben oder Ihre Interessen wieder im Vordergrund standen, was vielleicht schon zu einer unbewussten Neigung geworden ist. Dieses selbstkritische Ergebnis ist Ihr „momentanes Ich". Erkennen Sie sich selbst? Machen Sie mehrere Versuche und Selbstanalysen, um zu prüfen, ob Sie von Fall zu Fall wirklich die Interessen anderer genauso wichtig genommen haben wie Ihre eigenen. Auch wenn Sie anfangs schockiert über sich selbst sind, werden Sie mit der Zeit immer *besser*, sich an die Stelle des anderen zu versetzen. Der Alltag bietet mehr als genug Möglichkeiten, seine Interessen mit anderen Interessen gleichzustellen. Wenn wir nun einen wirklichen Gleichstand erreicht haben, steigern wir die Sache. Nehmen Sie nun andere Interessen wichtiger als unsere eigenen Interessen. Wir könnten auch sagen: Stellen Sie Ihre Güte über Ihr „egoistisches Ich". Damit es uns anfangs nicht so schwerfällt, nehmen Sie als Anfangsübung Interessen, die uns nicht so wichtig sind. Wie können wir das in die tägliche Praxis umsetzen? –

Machen Sie Ihrem Partner einer Freude, indem Sie ihn zu einem Kinobesuch oder einer Vorstellung einladen, die Sie sich selber nicht ansehen oder besuchen würden.

Oder verlieren Sie einmal absichtlich bei irgendwelchen Unterhaltungsspielen, ohne dass es die anderen merken. Dann beobachten Sie Ihre Mitspieler, die sich über jeden Sieg freuen. Können Sie sich selbst in diesem Menschen erkennen? –

Als vorletzte Übung lassen Sie Ihre Interessen links liegen und verzichten ganz auf Ihren Vorteil. Wenn Ihnen das gelungen ist, hat Ihre Herzensgüte einen eindeutigen Sieg über Ihr „egoistisches Ich" errungen. Achten Sie dabei auf Ihr inneres Gefühl. –

Als abschließende Übung stellen Sie sich Ihr „ideales Ich" vor. Welche charakterlichen Züge sollte es Ihrer Meinung nach erfüllen? Stellen Sie sich Ihr „ideales Ich" zum Beispiel jeden Morgen vor dem Aufstehen vor. Welche Fehler sind Ihnen gestern unterlaufen, die Sie heute vermeiden möchten? Kontrollieren Sie Ihre Gedanken, Ihre Emotionen und Ihr Tun, so dass Sie sich Ihrem „idealen Ich" immer weiter annähern. Folgen Sie Ihrer inneren Stimme und wachsende Weisheit wird sich immer weiter ausbreiten können, um das „egoistische Ich" immer weiter einzudämmen. Sie werden an sich feststellen, dass Sie immer gelassener mit alltäglichen Situationen umgehen und sich innerer Frieden und Harmonie immer besser manifestieren können, auch wenn sich gewisse Rückschläge nicht ganz vermeiden lassen. Ihre Herzensgüte und Liebe wird in dem Verhältnis wachsen, so wie Ihr „egoistisches Ich" abnimmt.

Es darf hier *nicht* missverstanden werden, dass wir nun die Interessen anderer Menschen zu unseren eigenen Interessen oder Sorgen machen sollten. Wir sollten anderen Menschen dabei helfen, sich von ihren negativen Emotionen zu befreien, indem wir unseren Frieden und Freude mit ihnen teilen, so dass sie selber den Weg der Güte und Liebe erkennen und folgen können.

Diese Entwicklungsphase wird ebenfalls einen längeren Zeitraum beanspruchen. Sehen Sie es wie bei einer Skala, von minus zehn bis plus zehn. Unabhängig, wo Sie auf dieser Skala anfangen, Sie bewegen sich immer mehr auf den positiven Bereich zu. Sie werden nach und nach erkennen, dass Sie auf dem richtigen Weg sind. Ihre Lebensfreude wird in dem Verhältnis steigen, je weiter wir die Skala in den positiven Bereich erklimmen. Oder, anders ausgedrückt, je kleiner unser „egoistisches Ich" wird. Die Bibel beschreibt es folgendermaßen: „Geben ist seliger als Nehmen." Das sind die Dinge, die in unserem Leben und in unserer spirituellen Weiterentwicklung wirklichen Sinn machen. Für Menschen, die sich zu sehr an irdische Dinge binden, möchte ich bemerken, dass niemand etwas von dieser Erde mitnimmt. Wir lösen uns leichter von irdischen Dingen, wenn wir sie eher als Leihgaben ansehen, wie schon beschrieben. Jedoch diese Erkenntnis umzusetzen, um sich vor weiterem Leid zu schützen, liegt an jedem selbst. –

Es macht nun auch Sinn, auf unseren Körper zu achten, der uns dient und die Besuchszeit ermöglicht, bis wir ihn irgendwann nicht mehr brauchen, um die nächste Ebene zu beschreiten oder in Gottes Reich unseren Frieden zu finden.

Kapitel: 11

Körper und Geist

Wie ich schon bemerkte, ohne die Verbindung von Körper und Geist wüsste unser Körper nichts von uns und müsste sterben. Unser Körper ist ein Verfallsprodukt. Falls Sie kein Vegetarier sind, wie viele Tiere müssen sterben, um diesen Körper zu erhalten? Was müssen wir alles tun, dass wir uns in diesem Körper wohl fühlen? Und das alles, um herauszufinden, dass alle Genüsse dieser Erde ebenfalls zeitlich begrenzt sind, und wenn, bestenfalls nur kurzzeitig satt machen. Diesen Umstand sollten wir uns immer wieder ins Gedächtnis rufen, um unseren Bewusstheitszustand und die damit verbundene Wahrnehmungsfähigkeit zu steigern. –

Woraus besteht unser immaterieller Geist? Stellen Sie einfach ein paar Vermutungen an. –
Könnte er aus einer Abfolge von Bewusstheitsmomenten (Momentaufnahmen) und unserem „egoistischen Ich" bezeichnet werden? Finden Sie für sich eine Antwort.
Wie viel Leid hat unser „egoistisches Ich" verursacht, um seine Interessen auf Kosten anderer durchzusetzen? Oder anders formuliert: Wie oft unterlag unsere Herzensgüte unserem „egoistischen Ich"? Oder: Welchen Charakterschwächen war unsere Herzensgüte unterlegen? Es handelt sich hierbei um ein und denselben Umstand, der nur unterschiedlich formuliert wurde. –
Welche zeitlich begrenzten irdischen Genüsse waren erforderlich, um dieses „Ich" kurzzeitig zufrieden zu stellen? Wäre wohl dieses „Ich" zufrieden mit der Erde als Geschenk, wenn es wüsste, es gäbe noch den Weltraum? –

Müssten wir dieses „Ich" nicht verachten, dass in diesem Leben so viel Leid verursacht? Unser „Ich", ein Leben lang geblendet von Begierden und von einer Illusion zur nächsten jagend, möchte uns an dieses Leben binden. Jeder Mensch ist individuell und hat seine eigenen Schwächen, die wir so manches Mal lieber verbergen. Mögen es irgendwelche Phantasien oder körperliche Begierden sein, die uns in das irdische Leben oder in den Kreis der Wiedergeburten involviert (hineinzieht). Hätten wir diese Begierden nicht, so bliebe nur noch unser Karma (Schicksal) übrig, das wir zu erfüllen hätten.

Unser Körper, der uns eine gewisse Besuchszeit auf dieser Erde ermöglicht, ist die Basis, die nicht nur anderen Menschen Leid zufügen kann, sondern auch uns selbst. Spätestens dann, wenn wir alt und gebrechlich werden. Fragen Sie eine ältere Dame oder einen Herrn, die über siebzig Jahre alt sind. Ein Vormittag könnte je nach Wehwehchen bis hin zu irgendeiner anderen Krankheit gefüllt werden. Auch unser Körper weist verschiedene Schwächen auf, spätestens dann, wenn wir älter werden. Unabhängig, ob es sich nun um unseren Rücken, unsere Knie oder inneren Organe handelt. Es stellt sich in uns eine Vorahnung ein, welche Leiden uns ins Alter bis hin zu unserem Tod begleiten, über die wir vielleicht nicht reden, solange es sich vermeiden lässt. Welche Last nehmen wir für diesen Körper auf uns? –

Extrem ausgedrückt: Müsste man diesen Körper nicht verachten, mit dessen Bedürfnissen wir ein Leben lang beschäftigt sind, um sie zu befriedigen, so dass wir uns in dieser sterblichen Hülle wohl fühlen? – Angefangen bei Kleidung, Wohnung, Essen und so weiter. Welche Schmerzen vermag uns unser Körper zuzufügen? Von einfachen Dingen angefangen wie Verdauungsproblemen, Kopfschmerzen

(Migräne), Menstruationsbeschwerden, Gelenkschmerzen über Ohr- oder Zahnschmerzen, um nur einige zu nennen. Ich nehme an, dass fast jeder Mensch schon einmal richtige Zahnschmerzen hatte. Hier lässt es sich erahnen, welches Leid unser Körper unserem Geist zuzufügen vermag. Ihnen fallen bestimmt noch andere Dinge ein, die in uns Leid verursachen, da auch jeder Körper individuell ist. Nur durch die Verbindung von Körper und Geist erfahren wir diesen Schmerz. Und das alles, um letztlich zu seinem Sklaven zu werden?

Folglich ermöglicht uns unser Körper nur eine gewisse Besuchszeit, um uns zu dienen. Wir sollten ihn uns trotz seiner Nachteile erhalten. Aber nicht um irdische Güter anzuhäufen, oder unserem „egoischischem ich" zu folgen, sondern um uns geistig weiterzuentwickeln. Das heißt zum einen, unsere negativen Emotionen, die wir in uns tragen, zu bekämpfen und alles daranzusetzen, sie auch nicht mehr in uns entstehen zu lassen. Kurz gesagt: alle negativen Emotionen zu entwurzeln. Zum anderen sollten wir mit unserer anderen Art von Intelligenz, die jenseits des begrifflichen Denkens liegt, unser „egoistisches Ich", das auf unseren Intellekt (Verstand) beschränkt ist, bekämpfen, dessen Begierden und Bedürfnisse uns ebenso an ein irdisches Leben binden. Wir sollten fähig sein zu erkennen, dass alle Begierden nur Illusionen sind, die in einem Geist entstehen und, falls sie erfüllt werden, eine momentane, flüchtige Befriedigung verschaffen, aber *nicht* dauerhaft satt machen. Dieser Umstand ist überall auf dieser Welt anzutreffen. –

Nehmen wir das Beispiel Zigarette zur Hand: Für diese flüchtige Befriedigung bezahlen wir Geld, um unsere Begierde (Sucht) kurzzeitig zu befriedigen. Als Nebeneffekt verkürzen wir dadurch unser Leben, schaden unserem Körper, unseren

Mitmenschen (Passivrauchen), der Umwelt und nehmen aufgrund unserer Sucht noch eine tödliche Krankheit in Kauf. Dieses „egoistische Ich" muss der Herzensgüte und der Liebe weichen, wenn wir es nach und nach vernichten möchten. Unser Leben ist ein kontinuierlicher Strom von Veränderungen, um dazuzulernen. Sind die negativen Illusionen vernichtet, so dass unsere Güte auch immer mehr an Kraft in uns gewinnt, wird auch unser Geist seinen Frieden finden. Niemand weiß, was nach dem Tod kommen mag, aber wir können davon ausgehen: Es wird besser.

Ich hoffe, es war bis hierhin alles gut verständlich. Je öfter wir uns dieses Wissen ins Gedächtnis rufen, umso besser können wir auch unsere neuen Erkenntnisse umsetzen und in unser Alltagsleben einbauen. Jedoch glauben Sie nicht, auch wenn Sie meinen, alles verstanden haben, dass Sie nun überall richtig reagieren. Wie verhalten sie sich, wenn Sie eine „Ohrfeige" von einem Menschen erhalten, der seinen negativen Emotionen ebenfalls unterworfen ist? Dieser Mensch, der uns vielleicht absichtlich aufgrund einer Charakterschwäche Leid zufügt. Nehmen wir an, dieser Mensch wäre uns zudem vielleicht körperlich unterlegen oder würde sich hinter einer ihm verliehenen Autorität verstecken. Wäre es manchmal nicht verführerisch zurückzuschlagen? Vielleicht sogar mit voller Wucht, um seiner eigenen Wut „Luft" zu verschaffen? Als stattdessen die andere Wange hinzuhalten, wie es uns Jesus lehrte, und Geduld zu üben, das wiederum als Schwäche ausgelegt werden könnte. Doch es zeugt von innerer Stärke. Entscheiden wir uns für den leichteren Weg, den Weg des Hasses, so laufen wir unserem nächsten Schicksal, das durch unser Handeln in diesem Leben bestimmt wird, entgegen. Die Wahl liegt bei jedem selbst. Somit ist jeder Mensch *selbst* auch seines Schicksals Schmied. Auch die Menschen, die zum Beispiel in verantwortungsvollen Positionen sitzen, können sich nicht herausreden, dass ihr Job daran schuld ist, Leid über andere Menschen zu bringen. Sollte man sich zum Beispiel über eine Wegrationalisierung von Jobs entscheiden, so waren auch diese Menschen indirekt daran beteiligt, dass es ihren Job überhaupt gibt. Unabhängig welcher Arbeit wir nachgehen, es sollte uns immer klarer werden, dass wir die Wahl haben. Ein Miteinander für das Positive, wobei die Kluft zwischen Arm und Reich immer weiter angeglichen statt auseinandergehen sollte, um in Harmonie *miteinander* zu leben. Die Geschichte hat uns gelehrt, wo solche Gegensätze hinführen können.

Auch einmal mit weniger zufrieden sein, kann für eine Gemeinschaft mehr sein. Unsere gesellschaftlichen Probleme laufen immer mehr auf eine solche Lösung hinaus. Es betrifft somit jeden. –

Sie werden an sich erkennen, dass Sie mit der Zeit immer besser werden, Geduld zu üben, und das Positive auch immer mehr an Kraft in Ihnen gewinnt. Doch haben wir noch einige Dinge aus dem Weg zu räumen. Zum Beispiel die Wut, die aus einem Impuls heraus entsteht. Sie kann nur nach und nach abgeschwächt werden, da wir gewohnt sind, „falsch" zu reagieren.

Nehmen wir hierzu das Beispiel Computer:

In fast jedem Haushalt steht ein Computer. Ein Mikrokosmos für sich. Solange alles funktioniert, ist er eine prima Arbeitshilfe. Doch wehe, wenn etwas, woran wir uns gewöhnt haben, nicht mehr funktioniert. Haben Sie schon mal stundenlang vor einem Computer gesessen, um ein Problem zu lösen, ohne irgendwelche Erfolge, so dass in Ihnen nach und nach die Wut immer größer wurde? Meine Tochter bot mir ihre Hilfe an und sprach von irgendwelchen Zip-Dateien. Ich entgegnete, dass ich mich mit Dateiformaten nicht auskenne. Ich fuhr sie aus einem Impuls heraus, in einem Ton an, der sie abschreckte, da die Frustration aus mir herausbrach. Der weise Mensch lässt sich seine Heiterkeit nicht nehmen, doch die eigene Weisheit lässt einen so manches Mal im Stich. So passiert es, dass wir gegen unsere inneren Feinde *verlieren*. *Nur* die Selbstanalyse von Ursache und Bedingung kann diese Impulse immer weiter abschwächen, bis sie irgendwann nicht mehr in uns entstehen. Das Ende der Geschichte war, dass am nächsten Tag wieder alles funktionierte und ich mich für diesen Ausfall entschuldigte. Die Lehre für mich hieß aufzuhören, bevor sich meine Wut entwickeln kann, und auch *vorher* Hilfe zu erfragen.

Ein anderes Beispiel:
Jeder hat ein Konto und im Allgemeinen auch einen Überziehungskredit, wenn er über achtzehn Jahre alt ist. Ich, seit über zehn Jahren selbstständiger Handwerker, holte meine Kontoauszüge und erfahre hierüber, dass rückwirkend mein Überziehungskredit von 5000 € von der Bank gekündigt wurde, da ich, was ich nachher erfuhr, nicht über ein festes monatliches Einkommen verfüge, was der Bank nach über zehn Jahren auffiel. In diesem Moment überkam mich aus einem Impuls heraus eine Wut. Es wurde mir in diesem Moment klar, dass ich meinen Geist in extremeren Situationen immer noch nicht beherrschte! Es blieb mir nur noch übrig, die Situation nachträglich zu analysieren und meine Geduld der Wut entgegenzusetzen. Ich verfasste daraufhin schriftlich einen Widerspruch mit Kündigungsandrohung. Man einigte sich auf einen Überziehungskredit von 4000 €, wobei ein Rentenfond als Sicherheit hinterlegt wurde. Zu diesem

Einverständnis kam es, weil jede Partei versuchte, sich in die Lage des anderen zu versetzen. Die Bank bekam ihre Sicherheit und ich meinen Kreditrahmen, um die Winterzeit, mit nur geringen Einnahmen, zu überbrücken.

Oder:
Für eine Familie steht im Allgemeinen nur ein Bad zur Verfügung. Wie sieht es am Wochenende aus, wenn sie mindestens eine Stunde warten müssen, weil der Nachwuchs das Bad blockiert? Machen Sie einen Selbsttest: Welche Geduld ist erforderlich, um Ihre langsam aufkommende Wut zu beherrschen, die wiederum Ihre gute Laune vertreiben könnte. –
Ein Kompromiss wäre als Lösung anzustreben. Wie zum Beispiel: Jeder, der nach neun Uhr aufsteht, darf maximal zwanzig Minuten das Bad besetzen. Wer länger braucht, steht entweder früher auf oder duscht erst nach dem gemeinsamen Frühstück, um für alle Familienmitglieder eine einvernehmliche Lösung zu schaffen.

Ein weiteres Beispiel:
Ein Schaffner, dessen Aufgabe es ist, Fahrkarten zu kontrollieren, kontrolliert eine Schülerin, die zwar über einen gültigen Fahrausweis verfügt, dieser jedoch nur gültig mit einem entsprechenden Schülerausweis ist, den die Schülerin nicht dabeihatte. Nach dem Regelwerk der Bahn hätte er hier ein Bußgeld verlangen müssen. Jedoch ermahnte er sie nur, dass sie das nächste Mal an ihren Schülerausweis denken sollte, was die Schülerin dem Schaffner sehr hoch anrechnete. Der Schaffner hatte sich für positive Emotionen auf beiden Seiten entschieden, als nur stur nach einem Regelwerk zu handeln.

Jeder Mensch in unserer Gesellschaft ist einem gewissen Regelwerk unterworfen. Nehmen wir als Beispiel den Autoritätsreflex. Hier würde sich das Beispiel Militär anbieten. Wir folgen der Anweisung eines Vorgesetzten. Indem wir zum Beispiel durch einen erteilten Befehl in einer Situation Macht übernehmen und Verantwortung abgeben. Wenn wir einem Befehl folgen, steigt in uns die Bereitschaft, das Leid, das wir verursachen, als unbedenklich oder in Ordnung einzuschätzen, weil wir ja nur einem Befehl folgen. Das einzig Kontinuierliche in unserem Leben ist zwar die Veränderung, jedoch können wir sie durch unsere Entscheidungen beeinflussen. Somit ist jeder Mensch *selbst* für sein Verhalten und seine Taten verantwortlich, das unser nächstes Schicksal formt. Viele Menschen verstecken sich hinter Regelwerken und weisen alle Schuld von sich, da sie ja nur einem Regelwerk gefolgt sind. Das ist ein Irrtum. Jeder Mensch besitzt einen Geist. Durch diesen Geist können wir zwischen positiv und negativ unterscheiden. Jeder Mensch hat die Wahl, sich für das Positive oder Negative zu entscheiden. Wir können die Dinge allein durch *unsere* Entscheidungen und unser dazugehöriges *Handeln* beeinflussen! –

Wäre man zynisch, könnte man auch sagen, dass die Menschen, die in Kriege verwickelt waren, ebenfalls nur einem Regelwerk gefolgt sind. Welchem Hass und welcher Wut waren die Menschen in Kriegen unterlegen, der sie vereinnahmte? Die Grausamkeiten, die in Kriegen begangen wurden, verfolgen diese Menschen, die daran beteiligt waren, bis ins Grab. Auch wenn diese Menschen nur ein „Rädchen im Getriebe" waren. Vielleicht kennen Sie ja noch Menschen, die an Kriegen teilnahmen, und unterhalten sich mit ihnen.

Können Sie sich denken, worauf ich hinaus möchte? Kein Regelwerk dieser Erde wird uns vor Gott freisprechen. Jeder Mensch ist für sein Tun und für sein späteres Karma (Schicksal) *selbst* verantwortlich. Ertragen wir das Karma, das wir in unserem letzten Leben angehäuft haben. Üben Sie Geduld gegenüber Menschen, die Opfer ihrer eigenen negativen Emotionen geworden sind, und helfen Sie ihnen, wenn möglich, sich von ihren negativen Emotionen zu befreien. Vermeiden Sie in diesem Leben alles Negative, das aus unserem Geist entspringt. *Unsere wahren Feinde.* Bekämpfen Sie Ihr „egoistisches Ich", so dass es der Herzensgüte und der Liebe weicht. Sie werden es an Ihrem inneren Gemütszustand erkennen. Ihr Geist zeigt Ihnen den Weg. Nutzen Sie den Zeitfaktor, der uns auf dieser Erde als „Gast" eingeräumt wird.

Kapitel: 12

Die kleine Lebenshilfe

Ein Fall aus unserem Leben:
Die Reparaturkosten für mein Auto fielen doppelt so hoch aus, wie ich angenommen hatte. Auch ein neuer TÜV war fällig. Dieser Zustand bedrückte mich sehr, da ich momentan nur Ausgaben, aber keine Einnahmen hatte. Ich hoffte jeden Tag, dass ein Auftrag und somit Geld hereinkäme, sobald das Wetter wieder mitspielte. Ich fragte mich, warum dieser Umstand so viel Leid in mir verursachte? Wollte ich lieber leiden, oder war es Schicksal? –
Meine Analyse lautete: Was leidet in mir? Es ist mein „egoistisches Ich", das geistiges Leid auch zu körperlichem Leid werden lässt. Es äußert sich in Abgespanntheit, Mutlosigkeit und Resignation. Dieses Ich, zusammengesetzt aus einer endlosen Zahl von Momentaufnahmen (Bewusstheitsmomenten) und unseren negativen Emotionen, wie Angst und Wut, die wiederum nur Illusionen sind, lässt uns leiden. Ist Geld eine Illusion? In Gottes Reich auf jeden Fall. Fügt Geldmangel uns auf dieser Erde Leid zu? Und warum? Weil wir unser „egoistisches Ich", das auf unseren Intellekt beschränkt ist, nicht von Gütern dieser Erde abwenden können und zu sehr darauf fixiert sind. Also versuchte ich mit positiven Emotionen diesem Leid entgegenzusteuern. Ich lobte den Monteur für seine gute Arbeit und machte gleich einen TÜV-Termin aus, so dass das Fahrzeug wieder für zwei Jahre einsatzbereit war. Ich malte mir aus, dass es wieder aufwärts ginge, nachdem ich diese Hürde erklommen habe.

Das Fazit lautet: Es sind somit die *Unsicherheitsfaktoren*, die uns zu negativen Emotionen abschweifen lassen und wir zudem bereit sind, negative Bilder in uns entstehen zu lassen. Also tun wir momentan nichts anderes, als uns selbst zu bestrafen, indem wir bereit sind, negative Bilder oder Emotionen in uns entstehen zu lassen. Es ist doch unglaublich, welches Leid unsere negativen Emotionen in uns auslösen können. Und nur weil wir immer noch *nicht fähig sind*, unseren Geist zu beherrschen.

Was ist dagegen zu tun? –

Wir sollten alle Unsicherheitsfaktoren, die in uns Unbehagen erzeugen, möglichst schnell lösen, sobald wir alle wichtigen Entscheidungsgrundlagen zusammengestellt haben. Zum einen erhalten wir dann Ergebnisse, mit denen wir weiterarbeiten können, zum anderen ist der Druck weg, den die Unsicherheitsfaktoren in uns auslösen. Anstatt uns von unserer Unsicherheit zerfressen zu lassen, können wir mit anderen Menschen wieder positive Emotionen austauschen, das uns auch einen besseren Einstieg in neue Aktivitäten ermöglicht.

Kapitel: 13

Unsere Kinder

Unser ganzes Leben besteht aus Veränderungen. Es ist das einzig Kontinuierliche in unserem Leben. Wir sind das Produkt (Ergebnis) unserer Gedanken und den damit verbundenen Emotionen, die einer ständigen Veränderung zum Positiven oder Negativen unterliegen. Diese Veränderungen können wir durch unsere *Entscheidungen* beeinflussen!

Wäre das bisher erlernte Wissen nicht viel wichtiger unseren Kindern beizubringen, als ihren Egoismus noch zu stärken? Wie zum Beispiel Markenkleidung, Handys etc., was uns die Werbung suggeriert, aber wir nicht wirklich brauchen. Der Grund ist ganz einfach. Ich habe gut die Hälfte meines Lebens gelebt, wenn alles gut geht. Obwohl es kein Segen sein muss, alt zu werden, wie schon beschrieben. Auch ich habe genug negatives Material aufzuarbeiten, das Jahre oder Jahrzehnte beanspruchen wird. Jeden Tag wundere ich mich, unter welcher Vielfalt sich in mir negative Emotionen entwickeln können, die ich nur Stück für Stück abbauen oder zumindest neutralisieren kann. Je früher wir damit anfangen, umso kleiner ist der Berg, den wir abzuarbeiten haben. Somit ist jeder Tag eine neue Herausforderung, oder sogar ein Geschenk, wobei man erfreulicherweise aber immer besser wird, seinen Geist zu beherrschen. Ich nehme an, dass Sie ähnliche Erfahrungen machen werden.

Je mehr unser Bewusstheitszustand und die damit verbundene Wahrnehmungsfähigkeit ansteigt, umso besser können wir unseren Geist kontrollieren und beherrschen. Auch unsere negativen Verhaltensmuster lassen sich immer besser so nach und nach umwandeln, da wir die Möglichkeit erkennen, statt intuitiv seinen negativen Illusionen zu erliegen, auch positiv oder zumindest *neutral* zu reagieren. Wir können uns und unserer Umwelt keinen größeren Gefallen tun. Ein guter Teil des irdischen Leides beruht darauf, was wir unseren Kindern vorleben und sie für das ihrige Leben übernehmen, da wir als Vorbild agieren. Es sind somit unsere negativen Verhaltensmuster und Emotionen, die wir auch an sie weitergeben. Sollte es uns jedoch gelingen, unsere Kinder möglichst früh mit diesen beschriebenen Dingen zu konfrontieren, so hätten sie wesentlich weniger negatives Potenzial abzuarbeiten. Die Welt würde Zug um Zug besser. Je *mehr* wir wissen, auf was wir achten müssen, umso *weniger* brauchen wir uns vor unserem nächsten Karma (Schicksal) oder vor unserem Tod fürchten, der in jedem Fall früher oder später auch vor „unserer Tür" steht. Es wird auf jeden Fall *besser*, solange wir unsere Zeit für unsere spirituelle Weiterentwicklung auf dieser Erde nutzen und es vermeiden, in unsere alten Verhaltensschemen und Denkmuster zurückzuverfallen. Indem wir irgendwelchen Gütern und Illusionen hinterher jagen, die wir meinen, unbedingt haben zu müssen, und auch vor dem Leid anderer nicht haltmachen, um sie zu erreichen. Die daraus möglichen Konsequenzen kennen wir nun.

Kapitel: 14

Unsere Wandlung

Alle Geschöpfe Gottes verfügen über einen Geist, verbunden mit einem Bewusstsein. Auch in unserer Tierwelt ist zum Beispiel ein sehr ausgeprägtes Sozialverhalten zu beobachten. Angefangen von Erdmännchen über Gorillas oder Elefanten, um nur einige zu nennen. Auch der Ursache-Bedingungskreislauf in der Natur kann sehr brutal sein. So wie bei einer Tarantel, falls sie im Kampf mit einer Wespe unterliegt, in gelähmtem Zustand als lebendiges Futter für eine Wespenlarve dient. Ein sehr grausamer Tod oder Schicksal? – Überall auf der Welt spielt sich das gleiche Drama ab. Die des Jägers und des Gejagten. Glücklicherweise konnten wir Menschen uns aus dem Kreislauf, „fressen und gefressen werden", durch unsere Intelligenz befreien. Doch wie entsteht dieser Geist in jedem Wesen? Wäre es vorstellbar, dass sich ein menschlicher Geist in einem Vogel, einer Katze oder einem Elefanten befindet? Es sind nur Ahnungen, die sich durch Beobachtungen in mir ausbreiten. Videoaufnahmen, die in das Internet gestellt wurden, beweisen, dass zum Beispiel Hunde nicht nur träumen, sondern auch schlafwandeln können. Eine gewisse Parallele zu uns Menschen lässt sich hier nicht abstreiten. Jahrzehntelang haben Wissenschaftler Tiere als instinktgesteuerte Roboter betrachtet. Heute denkt man um. Jedes Tier hat seine eigene Persönlichkeit, wie wir Menschen auch. Wie sonst ließe sich das Mitgefühl erklären, das Tiere gegenüber Menschen ausdrücken, wie zum Beispiel, wenn wir krank sind. Tiere kennen uns schon seit Jahrtausenden. Haustiere scannen uns in Sekunden und erstellen eine genaue Diagnose unserer Befindlichkeiten. Durch die Geruchsaura, die uns umgibt, können Tiere feststellen, ob wir ängstlich, nervös oder aggressiv sind. Wenn wir zum Beispiel aggressiv sind, haben wir Menschen einen höheren Ausstoß von Testosteron, das den Körpergeruch eines Menschen verändert. Die damit verbundenen Muskelvibrationen werden von Katzen wahrgenommen. Selbst an einer streichelnden Hand können unsere Haustiere anhand der Ausgewogenheit der Bewegung und unserer Körperanspannung ein psychologisches Profil von uns erstellen. Diese Art von Diagnose, die erst in den Anfängen steckt, hat die Wissenschaft erst vor einiger Zeit für sich entdeckt. –

Doch wie entsteht der Geist in unseren Kindern, das hier den Ursprung unseres denkens beinhaltet? Und warum ist dieses Kind schon eine Persönlichkeit? Die Persönlichkeit äußert sich am Verhalten und wie sich ein Kind gibt. Eine Säuglingsschwester könnte wohl ein Buch darüber schreiben. Andernfalls wäre jedes Kind, bei seiner Geburt, gleich. –

Unsere Stärken und Schwächen oder, anders ausgedrückt, unsere Charaktereigenschaften sind uns, glaube ich, auch schon in die Wiege gelegt worden. Haben Sie sich schon einmal gefragt, warum wir uns so verhalten, wie wir uns verhalten? Welche Charakterstärken und Schwächen formen uns zu der Person, die wir gerade verkörpern, und wie treffen Sie Ihre Entscheidungen? Versuchen Sie sich die Frage erst einmal selbst zu beantworten. –

Eigentlich nach den Faktoren, die uns schon in die Wiege gelegt wurden, und unseren Erfahrungswerten, die sich weiterentwickelten. Im Positiven wie im Negativen. Trifft unser jetziges Schicksal zu, aufgrund der Charakterschwächen und Stärken, die uns als Kind schon in die Wiege gelegt wurden? –

Treffen wir aufgrund dieses Charakters unsere Entscheidungen, um unser Schicksal in diesem Leben zu erfüllen? Eine Mentalistenshow brachte mich auf die Idee, *falls* es hier mit rechten Dingen zuging. Wie kann ein Mentalist ein bis zwei Wochen Dinge vorher sehen, wenn wir uns aufgrund unseres Charakters nicht so verhalten, wie er sie vorhersieht? Als Beispiel möchte ich hier anführen, einen Zeitungsausschnitt mit aktuellen Ereignissen ein bis zwei Wochen vorherzusagen. Haben sich hier viele Menschen aufgrund ihres Charakters so verhalten, dass es zu dieser Zeitungsmeldung gekommen ist, wie es der Mentalist vorhersah? Oder wie konnte ein Mentalist vorhersehen, wie sich mehrere Personen verhalten, die zufällig ein fiktives Attentat erfinden sollten? Die beliebige Stadt war Sydney, der Täter war Kermit der Frosch und seine Tatwaffe ein Nudelholz. Falls diese Personen nicht auf irgendeine Art und Weise manipuliert wurden, so ist unser Verhalten vielleicht kurzzeitig vorbestimmt. Das können wir mit unseren neuen Erkenntnissen und steigendem Bewusstsein ändern. Mit diesem Gedanken, der noch nicht ganz zu Ende gedacht wurde, möchte ich Sie dazu ermuntern, bei Ihrem Selbststudium immer genauer zu werden, bis sich eine neue Einsicht offenbart, die jeder Mensch für sich selbst herausfinden muss.

„Ein Mensch, der nie bereit ist, seine Meinung zu ändern, hat im Idealfall bereits für sich die Wahrheit erkannt oder bleibt in seiner geistigen Weiterentwicklung stehen."

Es gibt noch viele Dinge, die wir noch nicht verstehen oder es laut „Wissenschaft" nicht geben dürfte. Wie zum Beispiel: Wunderheilungen, die unter anderem das Abbeten von

Krankheiten beinhalten, Löffel verbiegen, Tische rücken, Gedankenübertragung oder andere Dinge. –

Viele ähnliche Fragen könnten hier aufgegriffen werden. Wie zum Beispiel: Welche Rolle spielt jeder Einzelne im Ursache-Bedingungskreislauf (Wirkungskreislauf), wenn wir zum Beispiel ein Tier unabsichtlich töten? Haben wir dann das Schicksal des Tieres erfüllt, ohne Schuld auf uns zu laden? Entsprechen wir hier nur einer uns zugewiesenen Rolle? Vielleicht ein Thema für mein nächstes Buch. Obwohl jeder, auch ich, mit diesem neuen Wissen eine ganze Weile damit beschäftigt sein dürfte, diese neuen Erkenntnisse umzusetzen. Niemandem, der die Wahrheit für sich noch nicht erkannt hat, bleibt es erspart, sein bisheriges Leben umzukrempeln, um seinen inneren Frieden zu finden und in Harmonie zu leben. Das einzig Kontinuierliche in unserem Leben ist und bleibt die Veränderung, die wir durch unsere Entscheidungen beeinflussen können, im Positiven wie im Negativen.

Wie würde mein alter Lehrer nun sagen: „Das Werkzeug habe ich Ihnen geliefert, damit umzugehen und es richtig einzusetzen, liegt an jedem selbst."

Hat sich Ihr Bewusstsein zu Ihrer „Erscheinungswelt" mit diesem neuen Wissen geändert? –

Sind Sie immer noch dasselbe „Ich", dessen Momentaufnahme Sie noch am Anfang des Buches prägte? Oder unterliegt Ihr Geist einer langsamen, fortwährenden Wandlung? Gehen Sie in sich, studieren Sie das Geschriebene. Finden Sie die Antwort in sich.

Machen Sie einen weiteren Selbsttest: Lesen Sie das Buch in einem halben Jahr noch einmal und überlegen Sie, welche

Verhaltensmuster sich bei Ihnen verändert haben, dabei sind die eigenen Notizen sehr interessant.

Kapitel: 15

Schlusswort:

Warum ist die Erkenntnis so wichtig, die Phänomene der Leere, unsere Illusionen, die in unserem Geist entstehen, zu erkennen? –
Weil wir nicht leiden wollen. Unser Leid entsteht dadurch, unseren negativen Emotionen freien Lauf zu lassen, weil wir unseren Geist nicht beherrschen. Anstatt sich selbst als *Ursache* zu erkennen, machen wir meist andere Menschen oder Dinge (wir stechen uns zum Beispiel an einer Rose) für unser negatives Verhalten verantwortlich. Diese Unwissenheit führt zu falschen Wahrnehmungen. Der von diesen falschen Wahrnehmungen gefangene Geist produziert so sein eigenes Leben. Seine eigene „Erscheinungswelt", wie mit dem Beispiel Stuhl beschrieben. Von diesem Irrtum kann sich unser Geist erst befreien, wenn wir das wirkliche Wesen der Dinge erkennen. Jeder Mensch hat sein eigenes Verständnis und seine eigene Sicht der Welt, so wie wir auch jedes Wort leicht unterschiedlich verstehen können. Unsere Maßeinheit ist der Emotionsfaktor, den wir mit diesem Wort oder der Situation verbinden, wie am Anfang des Buches beschrieben. Selbst all die Energiezustände, die unser Auge als Farbe umwandelt, sieht jeder Mensch leicht unterschiedlich. Somit lebt jeder Mensch in seiner eigenen Welt. Um die Vielfalt der Phänomene, ihre Interaktionen und Funktionen zu verstehen, muss man sie Zug um Zug analysieren, um auf das wirkliche Wesen der Dinge zu stoßen. So wie die Dinge wirklich sind und wie sie uns bisher erschienen sind. Hinter unseren Emotionen stehen *keine* Persönlichkeiten. Es sind nur Illusionen oder „Phänomene der Leere". Hierdurch sind wir

gefordert, die *ständige* Kontrolle unseres Geistes und die Analyse der Phänomene aufrechtzuerhalten. Das erreichen wir mit Bewusstheit und Wachsamkeit. Hier ist unsere Intelligenz gefordert, die jenseits des begrifflichen Denkens liegt. Das sind die Dinge, die uns in unserer spirituellen Weiterentwicklung voranschreiten lassen. Je mehr in uns die Erkenntnis wächst, dass wir ständig von „Phänomenen der Leere", unseren Illusionen, umgeben sind, führt uns dazu, dass negative Emotionen und Leid, sofern sie nicht körperlicher Natur sind und eventuell auf unserem Karma beruhen, einfach nicht mehr in uns entstehen. All das Negative umzuformen und nur noch bereit, die positiven oder neutralen Emotionen in sich entstehen zu lassen, bedarf *ständiger* Eigenkontrolle und Wachsamkeit, bis wir unseren Geist vollständig beherrschen. So wie wir ein Musikinstrument oder unser Auto meinen zu beherrschen und durch den Ursache-Bedingungszusammenhang zu immer neuen Situationen kommen. So gilt es auch unseren Geist immer besser zu beherrschen. Wir wissen zwar nicht, was die nächste „Ampel" in unserem Leben anzeigt, jedoch wissen wir nun, wie wir uns verhalten sollten.

Was sollten wir nun in unser Alltagsleben einfließen lassen:

Die Kontrolle unseres Geistes schützt uns davor, keine negativen Emotionen in uns entstehen zu lassen. Unser Körper dient uns insoweit, dass er uns eine gewisse Besuchszeit auf dieser Erde einräumt. Er ermöglicht jedem, aufgrund seiner spirituellen Weiterentwicklung sich aus dem Kreis der Wiedergeburten zu befreien und/oder seinen inneren Frieden zu finden. Unser „egoistisches Ich", das auf unseren Intellekt (Verstand) beschränkt ist und möglicherweise aus Unwissenheit für unseren Aufenthalt auf dieser Erde verantwortlich ist, sollte der Liebe und Güte weichen, die uns auch schon Gottes Sohn vorlebte und zuteil werden ließ. Das sind die Dinge, auf die wir in unserem Leben achten sollten, um in unserer spirituellen Weiterentwicklung voranzuschreiten, um sie irgendwann zu vollenden. Den Schatz, den wir auf dieser Erde suchen, hat nichts mit irdischen Reichtümern zu tun, sondern ist die Erkenntnis, die wir mit wachsendem Bewusstsein und der Kontrolle unseres Geistes erreichen,. die wir, so nehme ich an, auch in die „nächste Ebene" mitnehmen werden, wenn unsere Zeit gekommen ist die Erde wieder zu verlassen. Diese Erkenntnis trägt jeder Mensch, unabhängig welche Sprache wir sprechen, in sich. Jedoch muss das jeder Mensch für sich selbst herausfinden. -

Es würde mich sehr freuen, wenn Sie Ihr „fehlendes Puzzleteil" in diesem Buch gefunden hätten.

Falls Ihnen das Buch gefallen hat und es in Ihnen etwas bewirken konnte, bitte ich Sie, dieses Buch weiterzuempfehlen. Stellen Sie sich als vereinfachtes Beispiel vor: Unsere Gedanken sind winzige Energieströme und somit ein Teil des Universums. All unsere Gedanken dieser Erde werden nach einem Tag gemischt und durch den Ursache-Bedingungszusammenhang am nächsten Tag wieder verteilt. Wie würde das wohl aussehen, wenn nur noch positive Energieströme entstehen würden? –

Wie zum Beispiel bei einem Musikkonzert, wo alle siebzigtausend Besucher bei einem bestimmten Lied mitsingen. Könnte dass der Plan Gottes sein, und es liegt an jedem selbst, diesen „Fluch" von dieser Erde zu nehmen? –

Somit ist jeder Mensch selbst gefordert, seinen Beitrag für „eine bessere Welt" beizusteuern. Ich wünsche Ihnen hierbei gutes Gelingen.

„Die Welt spiegelt das wieder, was wir bereits gedacht haben und wird das in der Zukunft wieder spiegeln, was wir denken werden. Somit steckt in jedem Gedanken der Ursprung für unser handeln."